现代人力资源管理
理论与实务探索

王善鹏　王宗楠　王惠增◎主编

时代文艺出版社
SHIDAI WENYI CHUBANSHE

图书在版编目（CIP）数据

现代人力资源管理理论与实务探索 / 王善鹏, 王宗楠, 王惠增主编. -- 长春 : 时代文艺出版社, 2024.1
ISBN 978-7-5387-7359-0

Ⅰ. ①现… Ⅱ. ①王… ②王… ③王… Ⅲ. ①人力资源管理 Ⅳ. ①F243

中国国家版本馆CIP数据核字(2023)第234780号

现代人力资源管理理论与实务探索
XIANDAI RENLI ZIYUAN GUANLI LILUN YU SHIWU TANSUO

王善鹏　王宗楠　王惠增　主编

出 品 人：吴　刚
责任编辑：苟士纯
装帧设计：文　树
排版制作：隋淑凤

出版发行：时代文艺出版社
地　　址：长春市福祉大路5788号　龙腾国际大厦A座15层　（130118）
电　　话：0431-81629751（总编办）　　0431-81629758（发行部）
官方微博：weibo.com/tlapress
开　　本：710mm×1000mm　1/16
字　　数：214千字
印　　张：15
印　　刷：廊坊市广阳区九洲印刷厂
版　　次：2024年1月第1版
印　　次：2024年1月第1次印刷
定　　价：76.00元

图书如有印装错误　请寄回印厂调换

编 委 会

主　编

王善鹏　临朐县社会保险事业中心
王宗楠　寿光市台头镇党群服务中心
王惠增　临朐县医疗保险事业中心心

副主编

谭维民　临朐县社会保险事业中心
付光霞　临朐县劳动人事争议仲裁院
傅永磊　临朐县劳动人事争议仲裁院
张存磊　临朐县劳动人事争议仲裁院
赵　正　临朐县社会保险事业中心

前　　言

现代人力资源管理以"人"为核心，视人为"资本"，把人作为第一资源加以开发，即了解人力资源管理的内涵及模式，明确人力资源管理的产生及发展，重视人力资源管理面临的挑战与问题。从人力资源管理的系统设计与构建以及人力资源战略规划出发，做好人力资源管理的建设。从职位分析与职位设计、员工招聘与录用管理、员工培训与开发管理出发，重视以事择人，也重视为人设事，让员工积极主动地、创造性地开展工作，更好地为企业服务。管理出发点是"着眼于人"，考虑人的个性、需求的差异，做好薪酬管理、绩效管理，同时又考虑客观环境对人的影响，进行职业生涯规划管理、劳动关系管理优化，从而达到人力资源管理的优化，进而提升企业人力资源管理能力，使企业取得最佳的经济和社会效益，提升企业的竞争优势。

人力资源管理是在美国现代管理学之父彼得·德鲁克 1954 年提出人力资源的概念后出现并逐渐普及的新概念。人力资源管理这一概念出现之前，人们称之为人事管理。人事管理与生产、营销、财务等管理同为工商企业管理中不可或缺的基本管理职能之一，但由于早期人事管理工作主要是较简单的、行政事务性的、低技术性的工作内容，因此一直被忽视。随着企业内外环境的变化，这项工作的重要性日渐凸显出来，于是人事管理逐渐被人力资源管理所代替。

随着知识经济社会的到来，企业之间的竞争变成了人才的竞争。谁能够获取优秀的人才，并能够对现有人才合理使用，谁就能够在激烈的竞争中获得胜利。人力资源管理根据企业发展战略的要求，有计划地对企业中的员工进行合理配置。人力资源管理水平成为企业竞争的核心。因此，加强人力资源管理的研究也成为当前非常重要的课题。

由于笔者水平有限，本书难免存在不妥之处，敬请广大学界同仁与读者朋友批评指正。

目　录

第八章　劳动关系管理优化

第九章　人力资源管理职能优化探析

第一章 人力资源管理概念及发展现状

第一节 人力资源概念

一、人力资源的基本概念

（一）人力资源的含义

按《辞海》的解释，资源是指资财的来源。从经济学角度看，资源是指为了创造财富而投入生产活动中的一切要素，并把资源划分为自然资源、资本资源、信息资源、人力资源和间接资源五大类。在人类经济活动的不同阶段，资源的重要性各不相同。在农业社会，人类的生产活动围绕土地进行，经济分配以土地的占有量为基础，劳动者的体力消耗和以土地为代表的自然资源的消耗促成了经济的发展；在工业社会，人们开始以使用机器的资源开采和制造业为中心的生产经营方式，自然资源和资本资源成为推动经济发展的最主要因素；在信息时代和知识经济背景下，以知识为基础的产业上升为社会的主导产业，经济社会的发展依赖于信息的获取和知识的创造，信息资源和人力资源成为经济发展的重要推动因素。在当今竞争激烈的社会里，人力资源无疑成为推动社会经济发展的重要资源。

在学术上，人力资源最早是由美国著名的管理学家彼得·德鲁克于

1954 年在其著名的《管理实践》一书中提出来的。在该著作中，德鲁克引入了人力资源的概念，并且指出人力资源与其他所有资源相比，最重要的区别就是其主体是人，并且是管理者必须考虑的具有"特殊资产"的资源，也是最未有效使用的资源。

在国内，许多专家和学者对于人力资源也给出了明确的定义。如郑绍濂认为，人力资源是"能够推动整个经济和社会发展的、具有智力劳动和体力劳动能力的人们的总和"。

可以认为，人力资源是指从事组织特定工作活动所需的并能被组织所利用的所有体力和脑力劳动的总和。在数量上，它既包括现实的人力资源，即现在就可以使用的、由劳动适龄人口构成的人力资源；也包括潜在的人力资源，即现在还不能使用但未来可使用的、主要由未成年人口组成的人力资源。

人力资源质量表现为以下几方面：①体力，即劳动力的身体素质，包括健康状况、营养状况以及耐力、力量、敏捷性等体能素质；②智力，即劳动力的智力素质，包括智力、记忆力、理解力、判断力、想象力及逻辑思维能力等；③知识技能，即劳动者的文化知识素质，它以教育程度、技能水平等来衡量；④劳动态度，即劳动者的劳动价值观及职业道德，如劳动动机、劳动态度、劳动责任心等。

人力资源数量和质量是密切相关的两个方面，一个国家和地区的人力资源丰富程度不仅要用数量来计量，而且要用质量来评价。对一个企业而言，人力资源的数量是基础，质量是关键。企业需要在人力资源规模上谋求一定的规模效益，但在规模达到一定程度之后要把着力点迅速转移到提高人力资源的质量上来。尤其在当今知识经济背景下，人力资源的质量远比数量重要。人力资源的质量对于数量有较强的替代性，而数量对于质量的替代作用则较弱，有时甚至无法替代。

相比于世界上其他国家，我国拥有庞大的人力资源数量，但在质量上还有待提高。随着信息时代和知识经济的到来，社会经济的发展对于人力资源的质量提出了更高的要求。我国应当加大对教育的投入，不断提高国民的基本素质和知识技能水平，以应对国际竞争与挑战。

二、人力资源与其他相关概念的关系

人力资源概念与人口资源、劳动力资源和人才资源等概念相关。

人口资源，是指一个国家或地区的人口总体，它是其他有关人的资源的基础，表现为一个数量概念。

劳动力资源，是指一个国家或地区具有劳动能力并在劳动年龄范围内的人口总和，即人口资源中拥有劳动能力并在法定劳动年龄段的那一部分。

人才资源，是指一个国家或地区中具有较强的专业技术能力、创造能力、管理能力和研究能力的人的总称，它是人力资源中的高端人才。

相比之下，人力资源强调人们所具有的劳动能力，它超过了劳动力的资源范围，涵盖了全部人口中所有具有劳动力的人口，包括现实的和潜在的劳动力资源。

人口资源、人力资源、劳动力资源和人才资源四者之间存在包含关系和数量基础关系，人口资源和劳动力资源侧重人的数量和劳动者数量。人才资源突出人口的质量，而人力资源强调人口数量和质量的统一。

三、人力资源的基本特征

人本身所具有的生物性、能动性、智力性和社会性，决定了人力资源具有以下基本特征：

（一）人力资源的能动性

人力资源的首要特征是能动性，是与其他一切资源最本质的区别。一切经济活动首先都是人的活动，由人的活动引发、控制、带动了其他资源的活动。自然资源、物质资源及人力资源等在被开发的过程中完全处于被动的地位，而人力资源的开发与利用，是通过拥有者自身的活动来完成的，具有能动性。这种能动性主要表现在人们的自我强化、选择职业和劳动的积极性等方面。人的自我强化，是指人通过学习提高自身的素质和能力等自身积极行为，使自己获得更高的劳动能力。人力资源通过市场来调节，选择职业是人力资源主动与其他资源结合的过程。积极劳动或劳动积极性的发挥是人力资源发挥潜能的决定性因素。因此，开发和管理人力资源不仅要关注数量、质量等外部问题，也要重视如何调动人的主观能动性，发挥人的劳动积极性。

（二）人力资源的再生性

经济资源分为可再生性资源和非再生性资源两大类。非再生性资源最典型的是矿产，如煤矿、金矿、铁矿、石油等，每开发和使用一批，其总量就减少一批，绝不能凭借自身的机制加以恢复。另一些资源，如森林，在开发和使用过后，只要保持必要的条件，可以再生，能够保证资源维持在一定的数量。人力资源也具有再生性，它基于人口的再生产和劳动力的再生产，通过人口总体内个体的不断更替和"劳动力耗费—劳动力生产—劳动力再次耗费—劳动力再次生产"的过程得以实现。同时，人的知识与技能陈旧、老化也可以通过培训和再学习等手段得到更新。当然，人力资源的再生性不同于一般生物资源的再生性，除了遵守一般生物学规律之外，它还受人类意识的支配和人类活动的影响。从这个意义上来说，人力资源要实现自我补偿、自我更新、持续开发，就要求人力资源的开发与管理注重终身教育，加强后期的培训与开发。

（三）人力资源的角色两重性

人力资源既是投资的结果，又能创造财富；或者说，它既是生产者，又是消费者，具有双重性。人力资源的投资来源于个人和社会两个方面，包括教育培训、卫生健康等。人力资源质量的高低，完全取决于投资的程度。人力资源投资是一种消费行为，并且这种消费行为是必需的，先于人力资本的收益。研究证明，人力资源的投资具有高增值性，无论从社会还是从个人角度看，都远远大于对其他资源投资所产生的收益。

（四）人力资源的社会性

人处在社会之中，人力资源的形成、配置、利用、开发是通过社会分工来完成的，是以社会的存在为前提条件的。人力资源的社会性，主要表现为人与人之间的交往及由此产生的千丝万缕的联系。人力资源开发的核心，在于提高个体的素质，因为每一个个体素质的提高，必将形成高水平的人力资源质量。但是，在现代社会中，在高度社会化大生产的条件下，个体要通过一定的群体来发挥作用，合理的群体组织结构有助于个体的成长及高效地发挥作用，不合理的群体组织结构则会对个体构成压制。群体组织结构在很大程度上又取决于社会环境，社会环境构成了人力资源的大背景，它通过群体组织直接或间接地影响人力资源开发，这就给人力资源管理提出了要求：既要注重人与人、人与团体、人与社会的关系协调，又要注重组织中团队建设的重要性。

第二节　人力资源管理概念

一、人力资源管理的含义

人力资源管理作为企业的一种职能性管理活动，最早源于工业关系和社会学家怀特·巴克于1958年发表的《人力资源功能》一书。该书首次将人力资源管理作为管理的普遍职能来加以讨论。美国著名的人力资源管理专家雷蒙德·A.诺伊等在其《人力资源管理：赢得竞争优势》一书中提出，人力资源管理是指影响雇员的行为、态度以及绩效的各种政策、管理实践以及制度。美国的舒勒等在《管理人力资源》一书中提出，人力资源管理是采用一系列管理活动来保证对人力资源进行有效的管理，其目的是实现个人、社会和企业的利益。加里·德斯勒在《人力资源管理》一书中提出，人力资源管理是为了完成管理工作中涉及人或人事方面的任务所需要掌握的各种概念和技术。迈克·比尔则提出人力资源管理包括会影响公司和雇员之间关系的所有管理决策和行为。

综上所述，人力资源管理是指根据企业发展战略的要求，有计划地对人力资源进行合理配置，通过对企业中员工的培训、使用、考核、激励、调整等一系列过程，调动员工的积极性，发挥员工的潜能，为企业创造价值，确保企业战略目标的实现。这些活动主要包括企业人力资源战略的制定、员工的招募与选拔、培训与开发、绩效管理、薪酬管理、员工流动管理、员工关系管理、员工安全与健康管理等。人力资源管理的内涵至少包括以下内容：一是任何形式的人力资源开发与管理都是为了实现一定的目标，如个人家庭投资的预期收益最大化、企业经营效益最大化及社会人力资源配置最优化。二是人力资源管理只有充分有效地运用计划、组织、指挥、协调和控制等现代管理手段才能达到人力资源管理目标。三是人力资源管理主要研究人与人关系的利益调整、个人的利益取舍、人与事的配合、人力资源潜力的开发、工作效率和效益的提高以及实现人力资源管理效益的相关理论、方法、工具和技术。四是人力资源管理不是单一的管理行为，必须将相关管理手段相互配合才能取得理想的效果。

人力资源管理的基本任务是根据企业发展战略要求，吸引、保留、激励与开发企业所需人力资源，促成企业目标实现，从而使企业在市场竞争中得以生存和发展。具体表现为：求才、用才、育才、激才、护才和留才。

二、人力资源管理的功能

人力资源管理是以人为对象的管理，在某种意义和程度上，至少涉及以下五种功能。

获取：根据组织目标，确认组织的工作要求及人数等条件，从而进行规划、招聘、考试、测评、选拔与委派。

整合：通过企业文化、价值观和技能的培训，对已有员工进行有效整合，从而达到动态优化配置的目的，并致力于从事人的潜能的开发活动。

保持：通过一系列薪酬、考核和晋升等管理活动，保持企业员工的稳定，有效工作的积极性以及安全健康的工作环境，增加其满意感，从而使其安心和满意地工作。

评价：对员工工作表现、潜质和工作绩效进行评定和考核，为做出相应的奖惩、升降和去留等决策提供依据。

发展：通过员工培训、工作丰富化、职业生涯规划与开发，促进员工的知识、技能和其他方面素质的提高，使其劳动能力得到增强和发挥，最大限度地实现其个人价值和对企业的贡献，达到员工个人和企业共同发展的目的。

三、人力资源管理的特征

从人力资源管理的含义可以看出，人力资源管理具有以下几个明显的特征。

综合性：人力资源管理是一门综合性的学科，需要考虑种种因素，如经济、政治、文化、组织、心理、生理、民族等。它涉及经济学、系统学、社会学、人类学、心理学、管理学、组织行为学等多种学科。

实践性：人力资源管理的理论，来源于实际生活中对人的管理，是对这些经验的概括和总结，是现代社会化大生产高度发达，市场竞争全球化、白热化的产物。应该从中国实际出发，借鉴发达国家人力资源管理的研究成果，解决我国人力资源管理的实际问题。

民族性：人的行为深受其思想观念和感情的影响，而人的思想观念和感情则受到民族文化的制约。因此，人力资源管理带有鲜明的民族特色。

社会性：作为宏观文化环境的一部分，社会制度是民族文化之外的另一个重要因素。在影响劳动者工作积极性和工作效率的各因素中，生产关系和意识形态是两个重要因素，而它们都与社会制度密切相关。

发展性：任何一种理论的形成都要经历一个漫长的时期，各个学科都不是封闭的、停滞的体系，而是开放的、发展的认识体系。随着其他相关学科的发展及人力资源管理学科本身不断出现新问题、新思想，人力资源管理正进入一个蓬勃发展的时期。

第三节　人力资源管理的渊源

一、人力资源管理的渊源

人力资源管理源于人事管理，而人事管理的起源则可以追溯到非常久远的年代。18 世纪末，瓦特蒸汽机的发明与推广引发了工业革命，改变了以前家族制和手工行会制的生产方式，并出现大量的实行新工厂制度的企业。这些企业在日益激烈的竞争环境中发展壮大，成为 19 世纪初的时代特色。竞争与发展要求这些企业进一步扩大规模，但制约其扩大规模的主要"瓶颈"却是企业主们以前从未遇到过的劳工问题。其产生的主要原因在于当时人们不喜欢也不习惯于工厂的劳动方式。工厂工作很单一，一年到头都得按时上班，接受新的监督制度，以及时时刻刻都要全神贯注。这导致企业很难找到足够的工人，尤其是技术工人。上述劳动问题的解决措施带来了福利人事概念的形成和发展。所谓福利人事，即由企业单方面提供或赞助的，旨在改善企业员工及其家庭成员的工作与生活的系列活动和措施。

同样关注劳工问题的泰勒认为，劳动组织方式和报酬体系是生产率问题的根本所在。他呼吁劳资双方都要进行一次全面的思想革命，以和平代替冲突，以合作代替争论，以齐心协力代替相互对立，以相互信任代替猜疑戒备。他建议劳资双方都将注意力从盈余分配转到盈余增加上，通过盈余增加，使劳资双方不再为如何分配而争吵。为此，泰勒提出了科学管理原则。泰勒的科学管理思想对人事管理概念的产生具有举足轻重的影响。一方面，它引起了人们对人事管理的关注，并推动了人事管理职能的发展。另一方面，科学管理宣扬管理分工，从而为人事管理职能的独立提供了依据和范例。福利人事与科学管理的融合使人们认识到，过去由一线管理人员直接负责招聘、任命、培养、绩效考核、薪酬、奖励等工作的做法，已经不能适应企业组织规模扩大的现实，企业要做好对人的管理这项工作，必须要有相应的专业人士，这为人事管理作为参谋部门而非直线部门的出现奠定了基础。

二、人事管理的演进

早期关于人事管理的论文经常发表在《年报》（The annuals）和《管理杂志》（Engineering Magazine）这两本杂志上。1916 年，《年报》出版专刊讨论了"工业管理中的人事和雇佣问题"。第一本以"人事管理"为书名的教科书出版于 1920 年。

20 世纪 30 年代的霍桑实验为人事管理的发展开拓了新的方向。霍桑实验证明，员工的生产率不仅受到工作设计和员工报酬的影响，而且受到社会和心理因素的影响。因此，有关工作中人的假设发生了变化，工业社会学、工业关系学、人际关系学和组织行为学等新学科应运而生，推动了人事管理的迅速发展。主要表现在以下几个方面：

工业社会学将企业作为一个社会系统，研究组织化的员工问题，并强调社会相互作用，要求在各个组成部分之间保持平衡。当这一思想被运用于人事管理领域时，员工参与、工会与管理层合作、员工代表计划等便进入了人事管理研究者与实践者的视野。

工业关系学认为，管理层与工人在如何分配由先进的技术化社会所创造的盈余上存在必然的矛盾，而这种工业化冲突的解决不在于人际关系，在于克服管理层和有组织的工人之间的利益和意识形态上的冲突，工业化的和谐只有通过集体的讨价还价以及专业的工业关系专家参与才可能实现。因此，工业关系专家登上了人事管理的舞台，化解劳资冲突、集体谈判等又成为人事管理的职责。

人际关系学以管理应该更多地关心人而不是关心生产力为核心观点，强调管理的社会和人际技能而不是技术技能，强调通过团体和社会团结来重建人们的归属感，强调通过工会、参与领导以及将工厂中的正式组织与非正式组织集合起来使权力平均化。沟通成为人事管理的主要任务和必备技能，员工满意度成为衡量人事管理工作的重要标准。

组织行为学是在人际关系学的基础上形成的管理科学中的一门学科。它着眼于一定组织中的行为研究，重视人际关系、人的需要、人的作用和人力资源的开发利用。这一学科的出现对管理科学的发展产生了重要的影响，使其由以"事"与"物"为中心的管理发展到以"人"为中心的管理；由靠监督与纪律的管理发展到动机激发、行为引导的管理；由独裁式管理发展到参与式管理。它的应用成果得到了普遍的重视。进入 20 世纪六七十年代，西方涉及人事和工作场所的相关立法急剧增加，并且立法的关注点也从工会与管理层间的问题转向了员工关系。随着各项法律的出台，企业很快意识到，卷入与员工或雇佣有关的司法诉讼的花费巨大。于是，大量的律师走进了企业人事部，以规范直线经理管理行为的合法性，尽可能地为企业避免司法诉讼，承担起直接处理有关司法诉讼等人事管理的新职能。

20 世纪 80 年代是组织持续而快速变革的时代，杠杆收购、兼并、剥离等事件层出不穷，人事管理也进入了企业更高的层次，从关注员工道德、工作满意度转变为关注组织的有效性。高级的人事主管开始参与、讨论有关企业未来发展方向、战略目标等问题，工作生活质量、工作团队组织、组织文化等成为人事管理的重要内容。

三、人力资源管理的发展与成熟

（一）西方人力资源管理理论的发展历史

西方学者对人力资源管理的发展阶段进行了深入的研究，提出了各自的观点。典型的理论包括六阶段论、五阶段论、三阶段论和二阶段论，它们从不同的角度揭示了人力资源管理渐进发展的历史。

1. 六阶段论

以美国华盛顿大学的弗伦奇（W.L.French）为代表，从管理的历史背景出发，将人力资源管理的发展划分为六个阶段。

第一阶段：科学管理运动阶段。

这一阶段以泰勒（Taylor）和吉尔布雷斯（Gilbreth）夫妇为代表，关注重点主要是工作分析、人员选拔、培训和报酬方案的制订以及管理者职责的划分。

第二阶段：工业福利运动阶段。

在此阶段，企业出现了福利部，设有社会秘书或福利秘书专门负责员工福利方案的制订和实施，员工的待遇和报酬问题成为管理者关心的重要问题。

第三阶段：早期工业心理学阶段。

这一阶段以心理学家雨果·芒斯特伯格（Hugo Munsterberg）等人为代表的心理学家的研究成果，推动了人事管理工作的科学化进程。个人心理特点与工作绩效关系的研究、人员选拔预测效度的提出，使人事管理开始步入科学化的轨道。

第四阶段：人际关系运动阶段。

这一阶段的代表是梅奥等人，由他们发起的以霍桑实验为起源的人际关系运动掀起了整个管理学界的革命，也影响了人力资源管理。人力资源管理开始由以工作为中心转变为以人为中心，把人和组织看成社会系统。此阶段强调组织要理解员工的需要，这样才能让员工满意并提高生产效率。20世纪三四十年代，美国企业管理界流行着一种"爱畜理论"，爱畜牛奶公司的广告中说爱畜来自愉快的奶牛，因此品质优良。研究人员认为愉快的员工的生产效率会比较高，于是公司用郊游和员工餐厅等办法来试图改善员工的工作环境，提高士气，从而提高生产效率。实际上，这一理论夸大了员工情感和士气对生产效率的影响，最终实践表明，良好的人际关系可以提高生产效率的理念并不可靠。

第五阶段：劳工运动阶段。

雇佣者与被雇佣者的关系一直是人力资源管理的重要内容之一，从1842年美国马萨诸塞州最高法院对劳工争议案的判决开始，美国的工会运动快速发展；1869年就形成了全国的网络；1886年，美国劳工联合会成立；大萧条时期，工会也处于低潮；到1835年美国劳工法案，即瓦格纳法案（Wagner Act）的颁布，工会才重新兴盛起来。罢工现象此起彼伏，缩短工时、提高待遇的呼声越来越高，出现了集体谈判。到20世纪六七十年代，美国联邦政府和州政府连续颁布了一系列关于劳动和工人权利的法案，促进了劳工运动的发展，人力资源管理成为法律敏感行业。对工人权益的重视，成为组织内部人力资源管理的首要任务。

第六阶段：行为科学与组织理论时代。

进入20世纪80年代，组织管理的特点发生了变化，人的管理成为主要任务。从单个的人到组织，把个人放在组织中进行管理，强调文化和团队的作用，这成为人力资源管理的新特征。

2. 五阶段论

以罗兰（K.M.Rowland）和菲利斯（G.R.Ferris）为代表的学者则从管理发展的历史角度将人力资源管理的发展划分为五个阶段。

第一阶段：工业革命时代。

第二阶段：科学管理时代。

第三阶段：工业心理时代。

第四阶段：人际关系时代。

第五阶段：工作生活质量时代。

五阶段论中关于前四个阶段的划分与六阶段论是一样的。此观点的独特之处，是把工作生活质量作为一个独立的阶段提出来。工作生活质量一般有两种含义，一种是指一系列客观的组织条件及其实践，包括工作的多样化、工作的民主性、员工参与、工作的安全性等；另一种是指员工工作后产生的安全感、满意程度以及自身的成就感和发展感。第一种含义主要强调工作的客观状态；第二种含义主要强调员工的主观需要。将这两种含义结合起来，工作生活质量是指员工在工作中所产生的生理和心理健康的感觉。美国的一项调查研究表明，在辞职的打字员中，有60%是由于工作枯燥无聊，而不是因为工作任务繁重而辞职的。影响工作生活质量的因素有很多，为了提高员工的工作生活质量，企业可以采取一系列措施。

3. 三阶段论

这种观点的代表是福姆布龙（Fombrun）、蒂奇（Tichy）和德兰纳（Deanna），他们从人力资源管理所扮演的角色和所起的作用这一角度把人力资源管理的发展划分为三个阶段。

第一阶段：操作性角色阶段。在此阶段，人力资源管理的内容主要是一些简单的事务性工作，在管理中发挥的作用并不是很明显。

第二阶段：管理性角色阶段。人力资源管理在这一阶段开始成为企业职能管理的一部分，承担着相对独立的管理任务和职责。

第三阶段：战略性角色阶段。随着竞争的加剧，人力资源在企业中的作用越来越重要，人力资源管理开始被纳入企业的战略层次，要求从企业战略的角度来思考人力资源管理的相关问题。

4. 二阶段论

国内学者从人事管理和现代人力资源管理之间的差异性角度，将人力资源管理的发展历史划分为人事管理和人力资源管理两个阶段。

第一阶段：人事管理阶段。人事管理阶段又可具体分为以下几个阶段：科学管理阶段；霍桑实验和人际关系运动阶段；组织行为学理论的早期发展阶段。

第二阶段：人力资源管理阶段。人力资源管理重在将人看作组织中一种重要资源来探讨如何对人力资源进行管理和控制，以提高人力资源的生产效率，帮助组织实现目标。人力资源管理阶段又可分为人力资源管理的提出和人力资源管理的发展两个阶段。对人力资源管理的发展阶段进行划分，目的并不在于这些阶段本身，而是要借助于这些阶段来把握人力资源管理整个发展脉络，从而更加深入地了解它。因此，对于阶段的划分并没有绝对的标准和绝对的对错。

（二）我国人力资源管理的发展历史

自中华人民共和国成立以来，我国企业管理发展经历了计划经济、经济改革两大发展阶段。人力资源管理的发展是从单一计划经济体制下的人事管理到目前多种所有制并存的人力资源管理，可以分为四个发展阶段。

1. 人事管理阶段

中华人民共和国成立以后，我国确定了计划经济的经济体制。与经济体制相适应，实行"统包统配"的就业制度，企业没有用人的自主权，不能自行招聘所需的人员；人员只进不出，没有形成正常的退出机制；在企业内部，对员工没有考核，大家干好干坏都一样，干多干少都一样；工资分配中存在严重的平均主义，与工作业绩和工作岗位没有任何关系。在此阶段，人事管理的主要内容是一些流程性的事务性工作，如员工人事档案管理、招工录用、劳动纪律、考勤、职称评定、离职退休、计发工资等。企业人事部完全服务于国家的政策，负责国家有关政策的落实完成。内部听命于厂长或经理，外部听命于政策部门，工作技术含量很低。人事主管充其量是一个高级办事员的论断由此得来。

2. 人力资源管理阶段

自党的十一届三中全会尤其是改革开放以来，随着我国经济体制改革的不断改革深化，国有企业的劳动人事工作也在不断进步。1979 年，国务院颁发了《关于扩大国营工业企业经营自主权的若干规定》（以下简称《规定》），重新规定了企业人事管理的职责权限范围。《规定》指出，允许企业根据生产需要和精简效能的原则决定自己的机构设置和人员配备；企业有权根据国家下达的劳动指标进行招工，进行岗前培训；企业有权对成绩优异、贡献突出的职工给予奖励；企业有权对严重违反劳动纪律的职工给予处分，甚至辞退。随着这些规定的落实，企业在用人方面有了更大的权限，正常的人员进出渠道逐渐形成；劳动人事管理制度逐渐完善，劳动定额管理、定员定编管理、技术职称评聘、岗位责任制等在企业中广泛推广；工资管理规范化，打破了分配的平均主义，增强了工资的激励作用。所有这些都表明，我国企业的人力资源管理工作发生了巨大的变化，已经初步具备了人力资源管理的某些功能和作用。

3. 人力资本阶段

在管理理念上将员工看成资本，认为进入企业的人力已经是资本，不再是资源；在发展观上，完成了以物为本向以人为本的转变。此阶段的人力资源管理，从追求数量转向追求质量。人力资源管理工作的重心转移到员工的绩效管理、建立现代薪酬体系、营造良好的工作氛围和优秀的企业文化环境等方面，并开始考虑整合企业人力资源。通过工作分析和人才盘点，更加合理地配置企业人力资源；通过加大培训力度，提高员工的工作技能和绩效能力；通过改革和优化薪酬体系，使之更有激励性，提高人力资本的"投资收益"比率。人力资源经理秉持人力资本理念，在企业里倡导重视人才、开发人才、有效配置人才、激励人才的观念，带动整个企业人才观的转变，自身也向人力资源专家的方向迈进。

4. 战略人力资源管理阶段

随着知识经济和全球化时代的到来、经营环境不确定性的加强，以及企业竞争的加剧，人才的作用越来越重要，企业对人才的争夺战也愈演愈烈，人才成为企业竞争的核心，也成为企业核心竞争力的来源。在此条件下，企业人力资源管理就需要与企业战略密切结合，更好地服务于企业战略的实现。基于此，人力资源经理进入了企业的决策层，以专家顾问和战略合作伙伴的身份出现，参与决策，推动变革，使人力资源管理上升到战略人力资源管理阶段。

（三）人力资源管理的未来趋势

21世纪，人类社会进入科技、经济最快速发展的时期。高新技术迅猛发展，信息网络快速普及，对于所有的国家、民族和企业来说，既是一次难得的机遇，更是一场严峻的挑战，知识经济将改变每一个现代人的观念和意识。

1. 人力资源管理的地位日趋重要

现代企业经营策略的实质，就是在特定的环境下，为实现预定的目标而有效运用包括人力资源在内的各种资源的策略。有效的人力资源管理，将促进员工积极参与企业经营目标和战略，并把它们与个人目标结合起来，达到企业与员工"双赢"的状态。因此，人力资源管理将成为企业战略规划及战略管理不可分割的组成部分，而不再只是战略规划的执行过程，人力资源管理的战略性更加明显。

2. 人力资源管理的全球化与跨文化管理

组织的全球化，必然要求人力资源管理策略的全球化、人才流动的国际化，也就是说，企业要以全球的视野来选拔人才、看待人才的流动。尤其是加入 WTO 后，我国所面对的是人才流动的国际化以及无国界；经济全球化、组织的全球化必然带来管理上的文化差异和文化管理问题，跨文化的人力资源管理已成为人力资源领域的热点问题，跨文化培训是解决这一问题的主要工具。

3. 动态化人力资源管理平台得到长足发展

随着全球化、信息化尤其是网络化的发展，动态化网络人力资源管理已经出现并将成为未来人力资源管理的重要发展趋势。随着动态学习组织的发展，通过互联网来进行的职业开发活动将越来越多，大量的人力资源管理业务，如网络引智与网络招聘、网络员工培训、网络劳动关系管理等将成为现实。网络化人力资源管理的开展，必将在管理思想、管理职能、管理流程及管理模式上对传统人力资源管理产生重大影响，使人力资源管理面临日趋激烈的环境变化，人力资源管理的空间被极大拓展，人力资源管理的网络化竞争变得日趋激烈，人力资源管理的途径、方法和策略也随之进行必要的变革。

4. 员工客户化的趋势

员工客户化的关键是员工角色的变化，即员工不再是传统意义上的被管理对象，他们可能变成组织的重要客户。人力资源管理部经理也可能随之转变为"客户经理"，即为员工提供他们所需的各类服务，如具体而详尽地向员工说明组织的人力资源产品和服务方案，努力使员工接受组织的人力资源产品和服务。人力资源管理者要为员工提供富有竞争力的薪酬回报和多元化的价值分享体系，并且要给员工更大的自主选择权，使员工自主工作，满足员工参与管理的主体意识。在管理措施方面，要为员工的发展和成长提供更多的支持和帮助。

5. 人力资源管理业务的外包和派遣

人力资源管理业务外包是指把原来由组织内部人力资源承担的基本职能，通过招标方，签约付费委托给市场上专门从事相关服务的组织。在经济全球化的冲击下，组织出于降低成本、希望获得专家的高级服务、获得更为广泛的信息以及促进组织人力资源管理的提升等目的，将人力资源管理业务进行外包。目前，人力资源管理业务外包仍处于动态的发展过程中，并呈现以下发展趋势：一是人力资源管理业务外包领域不断扩展，从单项业务的外包发展到多项业务的外包；二是组织聘请专家顾问提供人力资源管理业务外包服务，提高了外包业务的专业水平；三是外包服务商、咨询公司逐步结成业务联盟，并力图垄断高级人力资源管理的外包业务；四是以人力资源管理业务外包强化组织竞争优势，并促进外包业务朝着全球化方向发展。

人力资源管理业务派遣又称为人力资源租赁，是指由人力资源服务机构向某些需要相关服务的组织提供需要的人力资源管理业务，尤其是急需的各类人才及人力资源管理服务等。人力资源管理业务派遣是与人力资源管理业务外包密切相关的一种发展趋势。如果说"业务外包"是一种主动寻求人力资源管理服务的市场活动，那么"业务派遣"则是一种主动提供人力资源管理服务的市场活动，外包与派遣具有对象的互补关系。

目前，人力资源管理业务派遣存在在政策、法律和制度层面进行规范管理，加强派遣机构人员的专业化建设，提升派遣服务人员的素质，建立派遣认证体系，规范收费标准，协调人力资源管理业务外包机构与派遣机构之间关系等诸多问题。

第四节 现代人力资源管理与传统人事管理比较

传统人事管理指的是对人事关系的管理，一般是指人事部门作为组织内的职能部门所从事的日常事务性工作。人事管理过程包括"进、管、出"三个环节。人员的调进调出被认为是传统人事管理的中心内容。

现代人力资源管理是指为了完成组织管理工作和总体目标，对人力资源的获得、开发、利用和保持等方面进行管理，以规范员工态度、行为，充分发挥人的潜能，提高工作效率，使人力、物力保持最佳比例，主要工作内容就是吸引、保留、激励和开发组织所需要的人力资源。

一、人事管理和人力资源管理的相同点

现代人力资源管理是从人事管理发展而来的，两者之间有着一些相同之处。

（1）管理对象相同。两者都是对人的管理，具体来说是对人与人、人与事关系的管理。

（2）管理目的相同。两者都以组织目标的实现为目的，力求实现人、财、物的最佳配合。

（3）管理的某些内容相同。两者都涉及招聘录用、培训考勤、职务升降、考核奖惩、绩效管理、工资福利、档案管理、劳动关系和劳动合同等方面的管理。

（4）管理的某些方法相同。两者在管理的过程中都会涉及制度、纪律、奖惩、培训等具体方法。

二、人事管理与人力资源管理的区别

现代人力资源管理与传统人事管理在多个方面有所不同，主要体现在以下几个方面。

（1）管理理念不同。传统的人事管理视人力为成本，同时人事部门属于非生产和非效益部门，不讲投入产出，成本意识淡薄。人力资源管理认为，人力资源是一切资源中最宝贵的资源，经过开发的人力资源可以升值增值，能给组织带来巨大的利润。人力资源管理部门则逐步变为生产部门和效益部门，讲究投入和产出，生产的产品就是合格的人才、人与事的匹配，追求的效益包括人才效益、经济效益和社会效益的统一，还包括近期效益和远期效益的统一。

（2）管理内容不同。传统的人事管理以事为中心，主要工作就是管理档案、人员调配、职务职称变动、工资调整等具体的事务性工作。即从事"发发工资，写写材料（档案、内勤、统计），调调配配，进进出出（员工招聘、补缺、离退休）"的日常工作。人力资源管理则以人为中心，将人作为一种重要资源加以开发、利用和管理，重点是开发人的潜能、激发人的活力，使员工能积极、主动、创造性地开展工作。

（3）管理方式不同。传统的人事管理主要采取制度控制和物质刺激手段。人力资源管理采取人性化管理，考虑人的情感、自尊与需求，以人为本，激励为主、惩罚为辅，多授权少命令，发挥每个人的特长，体现每个人的价值。

（4）管理策略不同。传统的人事管理侧重于近期或当前人事工作，就事论事，专注于眼前，缺乏长远思考，属于战术性管理。人力资源管理不仅注重近期或当前具体事宜的解决，更注重人力资源的整体开发、预测与规划。根据组织的长远目标，制定人力资源的开发措施，属于战术与战略性相结合的管理。

（5）管理技术。传统的人事管理照章办事，机械呆板，技术单一。人力资源管理追求科学性和艺术性，不断采用新的技术和方法，完善考核系统、测评系统等科学管理手段。

三、人力资源管理的学科特点

（一）综合性

人力资源管理是一门相当复杂的综合性学科，具有综合性、交叉性、边缘性的特点，无论是进行学术研究还是实际的管理实践活动，都要涉及社会学、人类学、经济学、管理学、系统学、心理学和环境工程学等多种学科的知识。

（二）社会性

由于人力资源的社会性、能动性等特点，决定了人在共同的有目的的活动中不仅具有市场经济关系和社会心理关系，也具有法律和道德关系，这些关系不仅是以社会心理为基础，更是以经济和社会利益、责任、权利为纽带而联系起来的。因此，在共同劳动过程中的人作为社会的一分子，必须遵守社会与组织的契约法律和道义，以保证这些关系的稳定并促进其改善。

第五节　人力资本与人本管理

管理变革、战略转型、流程再造，在变革年代如何持续改进企业执行力；海外并购、市场逐鹿，面临国际化竞争如何进行跨文化管理；职场磨砺、优胜劣汰，经理人如何建立和经营个人职业品牌；在高峰对话和管理实践中，如何应对全球化潮流，如何建立先进型人力资本，是企业普遍思考的问题。在今天瞬息万变的市场竞争环境中，管理者们需要每天唤醒速度感和紧迫感，需要用人力资源战略、流程与技术来寻求新的突破。人才是企业的第一资源。企业在国内、国际市场的竞争，越来越聚焦于人才争夺。如何化人力为资本，通过有效的人力资本管理提升企业核心能力，创建和谐组织，实现企业均衡、可持续发展，日益成为管理者面临的最大挑战。企业识别、吸引、任用、管理、培养人才，提高人才竞争力，实现人力资本保值增值，建设和谐组织，保证企业均衡发展和可持续发展等成为人力资源管理的主题。

一、人力资本

人力资本理论如前所述，是由美国经济学家 T.W. 舒尔茨（T.W.Schulz）在 20 世纪 60 年代首先提出来的。此外，还有加里贝克尔（G.S.Becker）、哈比森（F.H.Harbison）、爱德华·丹尼森（E.Denison）等人。他们从不同的角度分析了人力资本理论。这些理论主要包括人力资本概念、人力投资的成本和收益、人力投资与经济增长、人力投资与社会受益等方面。

（一）人力资本概念

按照当代经济学家的解释，资本有两种形式：一是物质资本，二是人力资本。物质资本包括它的质量或它所体现的技术水平，所以物质资本大小的精确表述，应当同它的质量或它所体现的技术水平联系在一起。人力资本的情况也是如此。各个劳动者的质量或工作能力、技术水平、熟练程度不一样；同一个劳动者在受到一定的教育和训练前后，他的劳动质量、工作能力、技术水平和熟练程度也是有差别的。所以，人力资本大小的精确表述，也应当同劳动者受教育和训练的状况联系在一起，同劳动者受教育和训练后工作质量的提高或工作能力、技术水平、熟练程度的增加联系在一起。

体现在劳动者身上的人力资本和体现在物质产品上的物质资本有一定的相似性，如二者都对经济起着生产性作用；二者作用的结果都能使国民收入增加；二者都是通过投资才形成的，这些投资都意味着减少现在的消费，以换取未来的收入。

人力资本和物质资本之间的主要区别在于：物质资本的所有权可以被转让或继承，人力资本（指体现在自由劳动者身上的人力资本）的所有权不可能被转让或继承。

人力资本与物质资本之间不仅有相似性和区别，而且存在互相补充或替代的关系：用一定量的物质资本和一定量的人力资本可以产生一定的收入。用较少量的物质资本和用较多数量的人力资本，或用较多数量的物质资本和用较少量的人力资本，往往可以产生同等数量的收入。

（二）人力投资的成本和收益

如前所述，人力资本有多种形成途径，教育是其中重要的项目。对教育的分析适用于对人力资本形成的其他项目的分析，因为理论上的处理是相似的。以下有关人力资本的分析，都以对教育的分析来说明。

1. 教育的成本

教育作为对人力投资的重要项目，其成本分为两类：一是教育费用；二是学生放弃的收入。教育费用又包括两个部分：一是政府拨出的经费；二是个人负担的学费。

学生放弃的收入是指学生由于上学而可能放弃的收入。这里的一个中心问题是机会成本（opportunity cost）概念。机会成本，是指人们放弃一种机会而由此可能遇到的损失。例如，学生（不含义务教育阶段的学生）面临着两种选择，一是上学，二是就业。如果学生选择上学，那么他就会由此放弃选择就业所带来的收入。如果学生不选择上学，而选择就业，从而使家庭可以增加收入。总之，学生只要继续上学，就意味着放弃了收入。

2. 教育的收益率

教育的收益是指个人通过教育而提高的未来的收入，教育的收益率是教育收益的现值与个人获得教育的成本的现值之比。教育的收益率是个人判断教育在经济上是否有利的标准。

对个人而言，教育的收益率是递减的。在读初中时，个人用于教育的费用很少，因上学而放弃的收入微不足道，因而这时教育的收益率很高。进入高中以后，教育成本增加，教育收益率下降。进大学后，个人用于教育的费用越来越多，因上学而放弃的收入也越来越大。正因如此，学生年龄越大，面临的升学和就业的选择问题也就越尖锐。

由于上学占据了时间，受过教育的人的工作时间少于未受教育的人的工作时间。这对人们一生可能取得的收入总量是有影响的，这也会影响人们在升学与就业之间的选择。

工资率的差异对教育收益率的高低有双重影响：一方面会影响教育的收益，即人们受教育后的未来收入；另一方面影响教育的成本，即学生上学所放弃的收入。教育的收益率影响人们升学和就业的选择。因此，可以通过工资率差异来调整对升学与就业的选择。

（三）人力投资与社会受益

人力资本投资不仅有益于个人，也有益于社会。例如，一种新的发明创造是人力资本投资的结果，没有教育，发明创造者就不可能获得这种发明创造的能力。发明创造人因此而增加了个人的收益。同时，这种发明创造也有利于社会，推动了社会经济的发展，改善了劳动条件和生活条件，增加了就业，提高了国民人均收入水平。

社会经济收益有一部分是可以计算出来的，如国民收入的增加等，但是也有部分是难以计算出来的，如生活和劳动条件的改善等。因为教育支出而得到的好处，不会全部归于个人，其中有相当一部分会归于社会。

二、人本管理

人本管理是一系列以人为中心的管理理论和管理实践的总称，自从人本管理理论诞生以来，对人本管理的理解仁者见仁，智者见智，尚未形成一个权威的定论。

有的学者将人本管理概括为"3P"管理，即 Of The People（企业最重要的资源是人和人才）；By The People（企业是依靠人进行生产经营活动）；For The People（企业是为了满足人的需要而存在）。基于这一理论，有人提出现代企业管理的三大任务是创造顾客、培养人才和满足员工需要，人自始至终处于企业管理的核心地位。

有的学者将人本管理划分为五个层次，即情感管理、民主管理、自主管理、人才管理和文化管理。按照这一逻辑，人本管理实践认可企业目标和员工目标的一致性，建议采取目标管理、合理化建议、员工持股等多种方式增强员工参与管理的积极性。

有的学者把人本管理划分为两个层次：第一层次是首先确立人在管理过程中的主导地位，继而围绕着调动企业员工的主动性、积极性和创造性去开展企业的一切管理活动；第二层次是通过以人为本的企业管理活动和以尽可能少的消耗获取尽可能多的产出实践，来锻炼人的意志、脑力、智力和体力；通过竞争性的生产经营活动，达到完善人的意志和品格，提高人的智力和体力，使人获得更为全面的发展。

有的学者定义人本管理的含义是以科学为先导，以激励和价值先导为中心，提倡以团队和授权为导向，充分发挥企业员工智能参与的水平，强化各种人本要素，包括员工的意愿、管理力量、协调、交流和素质，确保企业的发展和回报并行同步。

有的学者通俗地把人本管理看作把人当人看，把人当人用，充分考虑个人的特点，尊重个人的个性，理解个人的情感与追求；同时在人与物的关系中，重视人与物的差别，做到人与物的协调，而不是使人成为物的附庸。

有的学者认为人本管理就是以人为本、以人为中心的管理，指在现代社会政治、经济和文化条件下，企业的管理活动以人作为管理的主要对象，最大限度地满足企业全体员工正当的物质需要和精神需要，以达到开发、利用企业的人力资源，从而实现企业目标，并逐步实现组织内全体员工自由和全面发展的目标。

从上述列举可以看出，对人本管理的理解各自有其重点和侧重，但笔者认为，把这些方面作为对人本管理的理解是可以的，但如果作为人本管理的含义却不妥当。因为上述关于人本管理的含义并没有涵盖人本管理的实质，而只涉及了人本管理的某一方面。我们认为，人本管理不是灵丹妙药，不是一种管理制度也不是管理技术，不是简单地为了调动员工工作积极性而采取的一系列管理办法，更不是变换了说法的口号。事实上，人本管理是从管理理念、管理制度、管理技术、管理态度到管理方式的全新转变，涉及管理者和全体员工从心理到行为的全面革命。

因此，人本管理的含义可以概括为：人本管理是一种把"人"作为管理活动的核心和组织最重要的资源，把组织全体成员作为管理主体，从尊重人性的角度开发和利用组织的人力资源，服务于组织内外的利益相关者，达到实现组织目标和成员个人目标的管理理论和管理实践的总称。

第六节　人力资源管理理念的演变

一、传统人事管理阶段的特点

由于生产力发展相对落后，劳动力价格低廉，又缺乏系统的管理理论指导，企业在因袭管理时期，对人的管理主要集中于对劳动消耗的控制。因此在管理理念上体现出以下特点：

（一）因人定酬，随机增薪

具体表现为：把工作年限、个人资格和经历作为确定和增加工资薪金的依据。企业首先考虑员工所担任的工作与其所应具有的资格相适应，从而确定基础工资和薪金，并按工作年限、资历和企业盈利状况而增加工资报酬。传统人事管理者认为，员工工作年限越长、资历越久，知识经验就越丰富，对企业贡献也就越大，则其本事、地位和身份，就更应受重视；企业以工作态度与同雇主的关系作为提升职务的依据。员工职务的提升主要看为雇主卖力的程度及年头的长短，论资排辈。这样使人只安于保守，不多考虑改革和创新，从而影响工作的效率和竞争性组织目标的实现。

（二）少有规章，人治为主

具体表现为：人事管理随意化。企业一切人事管理均以雇主好恶、亲疏作为依据。雇主集制定规矩与执行章法于一身，"言出法随"，使规矩偏向于任意和僵化两个极端；把人等同于其他资源，"见物不见人"。对人的管理侧重于指挥和监督；不重视研究人、关心人的需要。人是活的，是有思想、有感情、有需求的，他们的思想、感情、需求也会随着主客观环境的改变而有所变化，再加上各人有其个性、性格、气质、能力方面的差异，因此，企业以僵死的法规来处理和解决复杂多变的人事问题，是不可能真正取得理想效果的。

（三）纯粹的雇佣关系，缺乏长期眼光

具体表现为：特别强调按劳务市场规则来处理人事问题，假如程序上未做规定的，而实际需要的事也不能办，这样就会严重影响工作实效；忽视人的培养和能力开发，"养成"方式仅局限于师徒之间的"传、帮、带"；注重消极防御，把人事管理工作的重心放在专门处理问题上，制定各种防范性消极规定，缺乏启发人们产生积极行为的措施；重罚轻奖，致使职工怕受罚而不愿和不敢做没有充分把握的事，缺乏创造性，墨守成规；多限制、少激励。对职工的行为，多以法规加以严格的限制，缺少必要的激励措施，致使职工对工作处于消极被动状态。

二、科学人事管理阶段的特点

19 世纪末 20 世纪初，由于社会生产力的发展，机械的广泛应用和动力的改进，使过去许多由人工操作的工作逐步改由机器来代替，因此，企业在生产速度上大大加快，这样就使人的劳动效率得到了极大提高。企业产品急剧增加，为了获取利润就必须把产品迅速销售出去，所以这又加剧了企业间的激烈竞争。为在销售竞争中取胜，企业则需设法降低产品销售价格；为降低售价企业需要先降低产品成本，而要降低成本又需先提高工作效率。科学管理就在这种背景下产生，并以提高效率为其核心。科学管理阶段的人事管理主要特点是：

（一）制定科学的组织原则

在组织内部，企业根据工作性质、产品种类、工作程序、人员对象和地区范围的相同性及相近性，来划分部门和业务工作单位；根据管理幅度原理和控制的有效性来划分组织的不同等级层次，形成相对稳定的、等级森严的金字塔式的组织结构。

（二）重视工作效率和人员配置问题

具体表现为：实现工作的高度专业化。通过动作研究和时间研究，人事管理人员把工作分解为许多简单的专业化操作的动作和程序，每个工人所掌握的工作方法简单化，熟练程度大大提高，避免了不必要的人力、时间的浪费。最为典型的是流水生产线；建立工作考核标准。管理人员对所属职工在工作上应达到的要求，用书面条款加以规定，并作为考核和衡量工作绩效的依据；设立工作评价标准。管理人员规定操作程序与定额方法，用来评定员工工作的难易程度及对组织贡献的大小，并根据评定的结果制定岗位工作应具备的条件及应支付的工资薪金的高低。

（三）改进报酬制度，充分运用"奖勤罚懒"的"胡萝卜加大棒"政策

具体分为以下几种：计时工资制。按工作时间的长短给予工资和薪酬，并分为年薪制、月薪制、周薪制、日薪制；计件工资制。根据所完成的工作件数多少，支付工资；职务工资制。根据处理工作所需知识技能、工作繁简难易程度，制定应付工资标准；奖励工资制。根据工作效率的高低和超额劳动的实绩分别支付具有等级差异的奖励性报酬。

（四）开始注重对职工的工作业务培训

通过实验，总结出一套科学的操作方法与程序，对职工进行培训，并普遍推广，改进管理者与职工的合作方式以提高工作效率。但是，科学管理并未把人力资源的地位提升到超越其他资源的层面，从而聚集于发掘其内在的动力。在今天看来，其作业导向式管理理念，在对待人的问题上存在明显的不足。

三、现代人力资源管理阶段的特点

（一）人事管理的领域进一步扩大

以往人事管理的研究范围多限于人事业务本身，所以其视野和思路是有限的、封闭的、与外界隔绝的，这样导致人事问题治标不治本。现代系统论的观点认为人事管理工作与社会环境有密切关系，要真正解决人事方面存在的问题，必须同时考虑与人事问题和企业目标相关的其他因素。过去的人力资源管理思想把人事工作看作静态的、孤立的，因此把人事制度看作固定不变的，以不变的制度来对付变化着的环境，其效果是可想而知的。自系统理论和权变理论形成以来，特别是在对人的价值观念进一步更新的情况下，动态的人力资源管理思想渐趋成熟。这一思想明确人事管理

会影响到其他因素，而其他因素也会影响到人事管理。由于其他因素经常变化，因而处理人事工作的程序方法以及原则，也需要随之经常修正和调整。

（二）强调组织的开放性与适应性

重视同社会的交流和联系。现代系统理论认为，组织是社会系统的一部分，它与社会系统结合在一起，相互依赖、不断交流、密不可分。所以组织已从封闭走向开放。组织本身又自成一个具有整体性和目标性的系统，并由四个分系统所组成，即输入分系统（如从组织的外部环境——社会大系统中取得原材料和人力）、技术分系统也叫转化分系统（把原材料加工制成产品）、输出分系统（把加工成的产品输出给社会）、知识和信息分系统（包括处理工作的各种知识和信息）。同时，任何组织都更为重视环境因素。所谓环境，包括政治、经济、文化、人员、技术等因素，环境因素不但是经常变化的，而且对组织有很大影响，所以组织为求得生存和发展，就必须适应变化的环境而不断变革和发展自己的系统。现代管理强调组织的灵活性。所谓组织的灵活性，是指组织目标和组织结构要根据环境的变化而进行调整，组织内部的部门和等级的划分、集权和分权、人员的编制和定额等，都应随着目标的改变而不断修改和调整。这种组织的开放性、适应性和灵活性的观念，较之传统的、科学管理的人事管理阶段，已有很大转变。

（三）人事管理人员的专业化程度不断提高

人事管理从原来的执行性职能拓展到决策咨询、系统规划、战略研究和科学评价等多元职能，人事管理人员绝不是"办事认真者都能胜任得了"的，因而就要求管理人员素质不断提高，并向专业化方向发展。只有这样，人事管理人员才能胜任不断发展的现代人力资源管理的艰巨任务。

（四）人事管理的技术与方法的现代化

1. 从定性分析到定量分析

以往的人事管理，一般只进行定性分析，凭领导人和管理者的智慧经验做判断；忽视定量分析，致使所作的判断较为主观。在人员的选拔和人事的决策方面，定性分析和定量分析相结合，不仅可避免管理人员的主观片面性，同时也为考核、检验决策的成效提供客观、切实的标准。

2.应用计算机和现代高新技术

计算机应用于人事管理有四个特点：第一，计算机能做快速与可靠的计算，只要数学模型是正确的，计算结果一定正确；第二，计算机能将大量的数据资料存储在体积很小的磁盘中；第三，计算机能从存储的资料中，迅速检索所需资料；第四，计算机利用先进的软件可以迅速形成精确的方案以供决策，大大提高管理效能。计算机应用于人事管理使人事管理工作从手段到理念视野都进入了一个崭新阶段。

不难预料，随着 21 世纪科技进步和管理水平的提高，能紧跟知识经济时代潮流的企业必然在人事管理领域有更新、更大的发展。

第二章 人力资源规划

第一节 人力资源规划概述

一、人力资源规划的含义

人力资源规划（human resource planning，HRP）又称人力资源计划，是指在组织发展战略和经营规划的指导下，预测和分析员工的供需平衡，以满足组织在不同发展阶段对员工的需求，为组织的发展提供符合质量和数量要求的人力资源。简单来说，人力资源规划是对组织在某个时期内的员工供给与需求进行预测，并根据预测的结果采取相应的措施来平衡人力资源的供需。

二、人力资源规划的作用

人力资源规划是连接公司组织战略和人力资源管理具体措施的纽带，具有承上启下的作用。具体来讲，人力资源规划有以下四项突出功能。

1. 公司组织战略目标实现的保障

人力资源规划是公司组织的战略目标在人力资源供需（包括数量、质量和结构）等方面的分解，与公司组织在其他方面的规划，如生产计划、营销计划、财务计划等共同构成公司的目标体系。

2. 公司组织人力资源管理的基础

人力资源规划规定了公司组织在人力资源管理方面的具体行动方案，是公司组织人力资源管理的基础。人力资源规划的各项业务计划为工作分析提供依据，是员工配置的基础，引导公司组织有针对性地进行人员储备，对公司组织急需的人才发出引进和培训预警，为员工职业发展道路的设计提供依据。

3. 有助于调动员工的积极性

在人力资源规划制定与实施的过程中，员工可以看到公司组织的发展远景和自己的发展前景，可以据此设计自己的职业生涯，确立职业发展方向，从而有助于调动员工的积极性。

4. 公司组织人工成本控制的手段

随着公司组织的不断成长和壮大，人工成本必定也不断变化。通过人力资源规划，预测和控制公司组织人员的变化，逐步调整公司组织人员的结构，使之尽可能合理化，就可以把人工成本控制在一个合理的水平上。

三、人力资源规划的内容

人力资源规划有狭义与广义之分。狭义的人力资源规划，是指组织从战略规划和发展目标出发，根据其内外环境的变化，预测组织未来发展对人力资源的需求，以及为满足这种需求所提供的人力资源的活动过程。简单地说，狭义的人力资源规划即进行人力资源供需预测并使之平衡的过程，实质上是组织各类人员的补充规划。广义的人力资源规划是组织所有人员资源计划的总称。

人力资源规划包含两个层次的内容：总体规划与各项业务计划。人力资源总体规划是对有关计划期内人力资源开发利用的总目标、总政策、实施步骤和总预算的安排。人力资源规划所属的业务计划则包括人员补充计划、人员使用计划、提升与降职计划、教育培训计划、薪资计划、劳动关系计划、退休解聘计划等。

四、人力资源规划的类别

按照规划涉及的时间长短，人力资源规划可分为长期规划、中期规划和短期规划三种。

长期规划指跨度为 5 ~ 10 年或以上的具有战略意义的规划，它为组织人力资源的发展和使用状况指明了方向、目标和基本政策。长期规划的制定需要对内外环境的变化进行有效的预测，才能对组织的发展发挥指导的作用。长期规划比较抽象，可能随内外环境的变化而发生改变。

短期规划的时间跨度一般为 1 年左右。与长期规划相比，短期规划对各项人事活动要求明确，任务具体，目标清晰。

中期规划一般为 1 ~ 5 年的时间跨度，其目标、任务的明确与清晰程度介于长期和短期两种规划之间。

规模较小的组织不适于拟定详细的人力资源规划，因为其规模小，各种内外环境对其影响大，规划的准确性差，制定的人力资源规划的指导作用也就难以体现。另外，小组织的规划成本较高。

也有学者将现代企业的人力资源管理规划大致分为三个层次：策略规划、制度规划和作业执行。这三个层次其实也代表了人力资源管理的不同发展阶段，可以体现从传统的人事管理到现代人力资源管理的过渡。

五、人力资源规划的原则

在制定人力资源规划时，要注意以下三个基本原则。

1. 应充分考虑内外部环境的变化

人力资源规划只有充分地考虑内外环境的变化，才能真正地做到为组织目标服务。内部变化主要是指销售的变化、开发的变化、组织发展战略的变化、公司员工流动的变化等；外部变化指社会消费市场的变化、政府有关人力资源政策的变化、人才市场供需矛盾的变化等。

2. 要确保组织的人力资源保障

组织的人力资源保障问题是人力资源规划应解决的核心问题。它包括人员的流入预测、人员的流出预测、人员的内部流动预测、社会人力资源需求和供给状况分析、人员流动的损益分析等。只有有效地保障对组织的人力资源供给，才有可能进行更深层次的人力资源开发与管理。

3. 使组织和员工都得到长期利益

人力资源规划不仅是面向组织的规划，也是面向员工的规划。组织的发展和员工的发展是互相依托、互相促进的关系。如果只考虑组织的发展需要而忽视了员工的发展需要，则会有损组织发展目标的达成。

第二节　人力资源需求预测

一、人力资源需求预测的概念

人力资源需求预测是指对企业未来某一特定时期内所需人力资源的数量、质量及结构进行估计。企业的人力资源需求是一种引致需求，它最终取决于市场对企业产品和服务的需求。因此在进行人力资源需求预测之前，先要预测企业产品或服务的需求，然后再在一定的技术和管理条件下，将这一预测转换为满足需求所需的员工数量和质量预测。人力资源需求预测需要对下列因素进行分析。

（一）产品和需求预测

产品和需求预测通常是从行业和企业两个层次对市场需求进行预测。从行业角度看，不同行业的产品侧重于满足消费者不同方面的需求，它受到消费者人数、消费者的偏好、收入水平、价格水平以及政治、经济、社会、技术等直接和间接、长期与短期因素的影响。因此行业需求既有长期的稳定趋势也有短期波动现象。市场对个别企业产品和服务的需求决定了其在整个行业中的市场份额，主要取决于企业与竞争对手在产品质量、成本价格、品牌信誉、促销努力等多个方面的差距。

一般来说，在生产技术和管理水平不变的条件下，企业产品需求与人力资源需求呈正相关关系，当企业产品和服务需求增加时，企业内设置的职位和聘用的人数也会相应增加。

（二）企业的发展战略和经营规划

企业的发展战略和经营规划一方面取决于企业外部市场环境，尤其是企业产品和服务的需求状况；另一方面也取决于企业对外部市场环境的应对能力和独特的目标要求。企业的发展战略和经营规划直接决定了企业内部的职位设置情况以及人员需求数量与结构。当企业决定实行扩张战略时，未来的职位数和人员数肯定会有所增加，当企业对原有经营领域进行调整时，未来企业的职位结构和人员构成也会相应地进行调整。

（三）生产技术和管理水平的变化

不同的生产技术和管理方式很大程度上决定了企业内部的生产流程和组织方式，进而决定了组织内职位设置的数量和结构。因此，企业的生产和管理技术发生重大变化，会引起组织内职位和人员情况的巨大变化。当企业采用效率更高的生产技术时，同样数量的市场需求可能只需要很少的人员就可以完成，同时新的技术可能还要求企业用能够掌握新技能的员工来替换原有员工。但是新的技术也可能会有一些新的职位要求，如设计、维修等，也会在一定程度上增加对某一类员工的需求。

影响企业人力资源需求的因素很多，而且不同的企业影响因素会有所不同，即使是同一种影响因素，对人力资源需求的实际影响也有所差异，因此人力资源需求预测应根据企业的具体情况，分析和筛选出最为关键的因素；并确定这些因素对人力资源需求的实际影响，根据这些因素的变化对企业人力资源需求状况进行预测。

二、人力资源需求预测的方法

对人力资源需求进行预测的方法很多，但不外乎两大类：第一类是定性方法，包括主观判断法、微观集成法、工作研究法和德尔菲法等；第二类是定量方法，包括回归分析法、趋势预测法、生产函数法、比率预测法。需要指出的是，在实际预测中，不可能只用一种方法，而应当将多种方法结合起来，这样预测的结果才会比较准确。下面介绍几种定性预测方法。

1. 主观判断法

主观判断法是最为简单的预测方法。它是由管理人员根据自己以往的经验对人力资源影响因素的未来变化趋势进行主观判断，进而对人力资源需求情况进行预测。在实际操作中，一般先由各个部门的负责人根据本部门未来一定时期内工作量情况，预测本部门的人力资源需求，然后再汇总到企业最高层管理者那里进行平衡，以确定企业最终需求。这种方法完全凭借管理人员的经验，因此要求管理人员具有丰富的管理经验。这种方法主要适用于规模较小或者经营环境稳定、人员流动不大的企业。

2. 微观集成法

微观集成法可以分为"自上而下"和"自下而上"两种方式。"自上而下"是指由组织的高层管理者先拟定组织的总体用人计划和目标，然后逐级下达到各具体职能部门，开展讨论和进行修改，再将有关意见汇总后反馈回高层管理者，由高层管理者据此对总的预测和计划进行修改后，予以公布。"自下而上"是指组织中的各个部门根据本部门的发展需要预测未来某种人员的需求量，然后再由人力资源部门进行横向和纵向汇总，最后根据企业经营战略形成总的预测方案。

3. 工作研究法

工作研究法是在分析和确定组织未来任务和组织流程的基础上，首先确定组织的职位设置情况，然后根据职位职责，计算每个职位工作量及相应的人员数量。工作研究法的关键是工作量的计算和分解，因而必须制定明确的岗位用人标准以及职位说明书。

4. 德尔菲法

德尔菲法是邀请某一领域的一些专家或有经验的管理人员对某一问题进行预测，经过多轮反馈并最终达成一致意见的结构化方法。例如，在估计将来公司对劳动力的需求时，公司可以选择计划、人事、市场、生产和销售部门的经理作为专家。德尔菲法又称专家评估法，是用来听取专家们关于处理和预测某重大技术性问题的一种方法。

第三节 人力资源供给预测

一、人力资源供给分析

对企业来说，人力资源供给本质上是生产过程中的劳动投入，取决于企业劳动力总人数、单位劳动力的劳动时间以及标准劳动力的折算系数。由于国家法律的限制，劳动者的劳动时间基本上是恒定的。标准劳动力的折算系数取决于劳动者的能力和实际生产效率，能力和实际生产效率越高，则折算系数越大。因此人力资源的供给预测就是对在未来某一特定时期内能够提供给企业的人力资源数量、质量以及结构进行估计。对于多数实行长期雇佣制的企业来说，人力资源供给包括外部供给和内部供给两个来源。与此相对应，人力资源供给预测也应当从这两个方面入手。

（一）外部供给分析

外部供给是指企业可以从外部劳动力市场获得的人力资源。外部劳动力市场主要是针对那些没有技能的体力劳动或不需要多少技能的服务工作、钟点工、短工和季节工等组织中的次要部门的雇用情况，此外最主要的就是具有长期雇用潜力的新员工。具有长期雇用潜力的新员工只有经过一系列的培训，并取得企业信任之后才能进入内部劳动力市场。在此之前，他们与其他的外部劳动力一样，其标准劳动力的折算系数都比较低。因此外部供给分析主要是对劳动者供给数量进行分析。

在外部劳动力市场，雇佣关系是短期的，没有晋升的承诺，工资也完全受劳动市场的调节。一般来说，多数企业对外部劳动力市场无法控制，除非它是劳动力市场的垄断需求者。因此对外部供给的分析主要是对影响供给的因素进行分析，进而对外部供给的有效性和变化趋势进行预测。

外部劳动力市场供给主体和分配单位是家庭。当劳动供给大于或等于劳动需求时，多数企业外部劳动力需求会得以满足。当然对于某个具体企业而言，外部劳动力自身对于生产行业和企业的偏好也会影响这个企业所面临的实际供给状况。因此企业所处的行业是否有吸引力，以及企业本身是否比竞争者更有吸引力，可能对企业的人力资源供给状况具有更直接的影响。其他影响供给的因素有总体经济状况、地方劳动力市场状况和人们的就业意识等。

（二）内部供给分析

内部供给是指企业从内部劳动力市场可以获得的人力资源。企业中主要部门的劳动者，如拥有技能的蓝领工人、大部分管理人员和专业技术人员等，其工资并不直接受外部劳动力市场的影响，而是由企业按照内部的规定和惯例来决定，从而形成一个与外部劳动力市场（一般意义上的劳动力市场）相对隔离的内部劳动力市场，其主要特征表现为：长期雇佣，从按工作职位而非个人的劳动生产率支付工资，以及内部晋升等。

进入内部劳动力市场的劳动者，其标准劳动力的折算系数基本大于1，并且随着培训以及劳动者劳动经验的积累和基本技能的增加，其标准劳动力的折算系数还有可能进一步增加。在新员工数量受到严格限制的条件下，企业内部劳动力市场的劳动者人数将随着劳动力的自然减员（如退休、生育）和离职而降低，但是人力资源供给却可能会由于劳动者能力和素质的提升而增加。因此与外部供给分析不同，内部供给分析不仅要考虑劳动者供给人数的变化，更要研究劳动者能力和素质的变化。

1. 内部劳动力市场劳动者人数分析

内部劳动力市场劳动者人数取决于长期雇用的新员工人数以及现有内部劳动力市场劳动者人数。在新员工数量受到严格限制的条件下，内部劳动力市场人数供给状况主要取决于现有内部劳动力市场劳动者人数的自然变化和流动状况。

内部劳动力市场劳动者人数的自然变化取决于员工的性别、年龄和身体状况结构。例如，企业现有58岁男性员工30人，那么两年后内部劳动力市场供给就会减少30人。内部劳动力市场劳动者的流动状况包括人员流出和内部流动两个方面。企业人员流出的原因很多，如辞职、辞退等，企业人员流出的数量形成了内部劳动力市场减少的数量。企业人员内部流动主要影响企业内具体部门和职位的人员供给状况。影响企业人员内部流动的因素主要是企业的绩效考核制度和结果，以及企业内部晋升和轮换制度等。

2. 内部劳动力市场劳动者素质分析

在内部劳动力市场劳动者人数保持不变的条件下，人员素质的变化会影响内部劳动力市场的供给状况。人员素质的变化体现在两个方面：高素质员工的比例变化以及员工整体素质的变化。无论是高素质员工数量的增加还是员工整体素质的提升，最终都会使企业生产效率提高，从而相对增加企业内部劳动力市场人力资源的供给。影响员工素质的因素很多，工资水平增加、激励工资（包括绩效工资、奖金、利润和股权分享计划）的实施，以及企业各类培训投入的增加都可能会有助于提升员工的素质。因此在进行内部劳动力市场劳动者素质分析时，必须对这些因素的变化和影响给予高度关注。

二、人力资源供给预测

人力资源供给预测是指为了满足企业在未来一段时间内的人力资源需求，对将来某个时期企业从其内部和外部可以获得的人力资源的数量和质量进行预测。它包括外部人力资源供给预测和内部人力资源供给预测。

（一）外部人力资源供给预测

1. 影响因素

行业性因素、地区性因素和全国性因素是影响外部人力资源供给预测的三个因素。

行业性因素包括企业所处行业的发展前景，行业内竞争对手的数量、实力及其在吸引人才方面的方法，企业在行业中所处的位置和竞争实力等。地区性因素包括企业所在地及其周边地区的人口密度、就业水平、就业观念、教育水平，企业所在地对人们的吸引力，教育制度的改革对人力资源供给的影响，国家就业政策、法规的影响等。全国性因素包括对今后几年内国家经济发展情况的预测、全国对各类人员的需求程度、全国学校的毕业生规模和结构、教育制度的改革对人力资源供给的影响、国家就业政策、法规的影响等。

2. 预测方法

（1）直接收集有关信息。企业可以对所关心的人力资源状况进行相关调查，获得第一手材料。

（2）查阅相关资料。国家或者某一地区的统计部门、劳动部门都会定期发布一些统计数据，企业可以通过这些现有资料获得所需信息。当今互联网的迅速发展使得相关信息资料的获取变得更加容易。

（3）对应聘和雇用人员的分析。对企业已经雇用或前来企业应聘的人员进行调查和分析，也可以对人力资源供给情况进行估计。

（二）人力资源内部供给预测

1. 影响因素

企业自身的人力资源策略和相应的管理措施是一个重要的影响因素。不同的企业对人才的期望是不尽相同的，有的企业采取鼓励人才合理流动的策略，将较多的精力放在吸引外部的成熟人才上，期望不断引入新鲜血液；有的企业则希望人才能够长期稳定，企图用优厚的待遇、较多的培训机会和充足的发展空间来确保企业有稳定的人才供给。

2. 预测方法

（1）员工档案法。从员工进入企业开始，人力资源部门就应该为其建立内容全面的人员档案，以便企业对现有员工哪些能够被提升或调配随时做出判断。员工的个人档案中应该记录的内容包括：员工的基本资料，如姓名、性别、年龄等个人信息；员工过去的经历，如之前的教育经历、工作经历、培训经历等；员工在企业中的经历；员工在企业中职位、薪酬的变化，工作绩效评估的结果，所接受培训的内容和效果；员工的能力，对员工的各项关键能力和专业技术能力测试和判断的结果，以及员工取得的奖励和成就等；员工的素质测评结果，如对员工各项能力的测评；员工的职业生涯规划，如员工的职业发展目标和计划、职业兴趣等。

（2）人员接替法。不少企业的管理人员都是从内部员工中提拔的，因此确定一些关键管理职位可能的接班人，明确这些接班人的潜力，确定能否胜任，这就是人员接替法。

（3）马尔可夫法。马尔可夫法是一种统计预测方法，其方法的基本内容：找出过去人事变动的规律，以此来推测未来的人事变动趋势。以某大学的人员流动为例，用马尔可夫法预测一段时间后学校的人员供给情况。

马尔可夫法已经被一些大公司如 IBM 等应用。在内部人力资源供给预测的实际应用中，一般采取多种预测方法，得出几种预测结果，然后进行综合分析，得到比较合理的结果。

第四节　人力资源供需综合平衡

在预测了人力资源的需求与供给之后，人力资源规划就必须对人力资源的供求关系进行综合平衡，如出现不平衡，则要做出调整，使之趋于平衡。人力资源供给与需求预测的结果一般会出现以下三种可能：人力资源供大于求；人力资源供小于求；人力资源供求总量平衡，结构不平衡。针对这三种不同的情况，组织应采取以下措施。

（一）人力资源供大于求时

（1）撤销、合并臃肿的机构，减少冗员。这在一定程度上可以提高人力资源的利用率。

（2）辞退劳动态度差、技术水平低、劳动纪律观念不强的员工。

（3）鼓励提前退休或内退。对那些接近而未达到退休年龄者，制定一些优惠措施，鼓励提前退休。

（4）加强培训工作，使员工掌握多种技能，增强他们的择业能力，鼓励员工自谋职业。同时，通过培训也可为组织的发展储备人力资本。

（5）减少员工的工作时间，降低员工的工资水平。如可采用多个员工分担以前只需一个或少数几个人就可完成的工作，组织按完成工作量来计发工资。这是西方组织在经济萧条时经常采用的一种解决组织临时性人力资源过剩的有效方法。

（二）人力资源供不应求时

（1）内部调剂。可将某些符合条件而又相对富余的人员调往空缺职位。也可通过培训与晋升的方法补充空缺职位。

（2）外部招聘。对组织内部员工无法满足的某些职位，有计划地经由外部招聘。

（3）如果短缺现象不严重，且本组织员工又愿意延长工作时间，则可根据《中华人民共和国劳动法》有关规定，制订延长工时并适当增加报酬的计划。

（4）制订聘用非全日制临时工计划。如返聘已退休者，或聘用小时工等。

（5）工作再设计。工作再设计主要是通过工作扩大化，使员工做更多的工作，这样不仅能降低员工的单调感和厌烦情绪，而且也提高了人力资源的利用率。

总之，以上措施虽是解决组织人力资源短缺的有效途径，但是最有效的方法是通过激励及培训提高员工的业务技能，以此调动员工的积极性，提高劳动生产率，减少对人力资源的需求。

（三）人力资源供求总量平衡、结构不平衡时

当组织中人力资源在供求总量上是平衡的，但因人员结构不合理，造成某些职位空缺或人员不足时，组织应根据具体情况制订针对性较强的业务计划，如晋升计划、培训计划等，改变结构不平衡的状况。

应当指出的是，组织在制订平衡人力资源供求的措施时，不可能是某种措施单独出现，很可能是不同部门、不同层次的不同措施同时出现。所以，应具体情况具体分析，制定出相应的人力资源规划，使各部门人力资源在数量、质量、层次、结构等各方面达到协调与平衡。

第五节　人力资源规划制定程序

一般来说，人力资源规划的过程包括四个步骤：准备阶段、预测阶段、实施阶段与评估阶段。

一、准备阶段

信息资料是制定人力资源规划的依据，要想制定出一个有效的人力资源规划，就必须获得丰富的相关信息。影响人力资源规划的信息主要有以下几种。

1. 外部环境信息

外部环境信息主要包括两类：一类是宏观经营环境的信息，如经济、政治、文化、教育以及法律环境等。由于人力资源规划与组织的生产经营活动密切相关，所以这些影响组织生产经营的因素都会对人力资源的供给与需求产生影响。另一类是直接影响人力资源供给与需求的信息，如外部劳动力市场的政策、结构、供求状况，劳动力择业的期望与倾向，政府的职业培训政策、教育政策以及竞争对手的人力资源管理政策等。

2. 内部环境信息

内部环境信息包括两个方面：一是组织环境信息，如组织发展战略、经营计划、生产技术以及产品结构等；二是管理环境信息，如组织的结构、管理风格、组织文化、管理结构、管理层次与跨度及人力资源管理政策等。这些因素都决定着组织人力资源的供给与需求。

3.现有人力资源信息

现有人力资源信息即对组织内部现有人力资源的数量、质量、结构和潜力等进行调查后得到的信息，包括员工的自然情况、录用资料、教育资料、工作经历、工作能力、工作业绩记录和态度记录等方面。组织人力资源的状况直接关系到人力资源的供需状况，对于人力资源规划的制定有直接的影响，只有及时准确地掌握组织现有人力资源的状况，人力资源规划才有效。

二、预测阶段

预测阶段的主要任务是在充分掌握信息的前提下选择使用有效的预测方法，对组织在未来某一时期的人力资源供给与需求做出预测。人力资源的供需达到平衡，是人力资源规划的最终目的，进行需求与供给的预测就是为了实现这一目的。在整个人力资源规划过程中，预测阶段是最为关键的一部分，也是难度最大的一个阶段，直接决定着人力资源的规划是否能够成功。人力资源管理人员只有准确地预测出人力资源的需求与供给，才能采取有效的平衡措施。

三、实施阶段

在需求与供给的基础上，人力资源管理人员根据两者的平衡结果，制定人力资源的总体规划和业务规划，并制定出实施平衡需要的措施，使组织对人力资源的需求得到满足。需要说明的是，人力资源管理人员在制定相关措施时，应当使人力资源的总体规划和业务规划与组织的其他规划相互协调，这样制定的人力资源规划才能有效实施。

四、评估阶段

对人力资源规划实施效果进行评估是整个规划过程的最后一个阶段。由于预测不可能做到完全正确，因此人力资源规划也需要进行修订。在实施过程中，要随时根据变化调整需求与供给的预测结果，调整平衡供需的措施。同时对预测的结果及制定的措施进行评估，对预测的准确性和措施的有效性进行评价，吸取经验教训，为以后的规划提供借鉴和帮助。

第六节　人力资源信息系统

一、人力资源信息系统概述

人才之争是市场竞争中的核心内容之一。为了稳定军心并不断吸纳优秀人才，企业必须采用现代化的人才管理方法。因此，先进的人力资源管理系统越来越引人注目。通过建立透明、相容、一致和全面的人力资源信息系统，将与人相关的信息统一管理，就能为"公平、公正、合理"原则的实现，以及企业在运作和劳资纠纷诸方面的风险规避建立一套科学的保障体系。

（一）人力资源管理系统的概念

人力资源管理系统（Human Resource Management System，HRMS）是结合信息技术和人力资源管理理论，依靠信息技术对企业人力资源进行优化配置的一种管理方式。从某种意义上讲，人力资源管理信息系统更像是一种观念、一种思想，一种在信息技术和软件系统支持下得以体现的管理思想。拥有这种思想和观念的人是人力资源管理信息系统的神经中枢，"以人为本"的管理思想在人力资源管理信息化过程中得到精辟的阐释。

人力资源管理信息系统是 20 世纪 70 年代末产生的一个概念，是组织进行有关人力资源信息收集、保存、分析和报告的过程。它为收集、汇总和分析与人力资源管理有关的信息提供了一种方法。在小型组织中，人工档案管理和索引形式的人力资源管理信息系统比较有效。对规模较大的组织来说，很难用人工的方式管理其人事资料，需要采用计算机信息系统，以记录工作代码、产品知识、行业工作经验、训练课程、外语能力、调职意愿、前程抱负和绩效评估结果等。20 世纪 80 年代中期，80% 左右的美国大公司开始建立与使用人力资源管理信息系统，我国目前也有越来越多的企业开始建立这样的系统。

（二）HRMS 发展简介

20 世纪 80 年代后期，计算机在办公领域广泛使用，我国开始 HRMS 的研发和应用。较早的应用就是采用计算机处理人事档案、工资，是基于 dBASE 数据库的简单管理，多为企业自行开发。目前我国的人力资源管理已经逐步与世界接轨，国内外的 HRMS 产品纷纷活跃在中国市场。纵观全世界 HRMS 的发展，大致可以分为五个里程。

1. 第一代 HRMS

20 世纪 60 年代末，HRMS 诞生。伴随着计算机的发明和计算机应用技术进入实用阶段，大型企业为解决手工计算薪资既费时费力又非常容易出差错的问题，研制出最初的 HRMS。第一代 HRMS 功能非常简单，只不过是一种自动计算薪资的工具，但是它的出现具有重要意义，为人力资源管理展示了美好的前景。

2. 第二代 HRMS

20 世纪 70 年代末，HRMS 功能逐步增强。计算机技术的飞速发展、计算机的快速普及、计算机系统工具和数据库技术的发展，为 HRMS 的阶段性发展提供了可能。第二代 HRMS 解决了第一代系统的主要缺陷,增加了较多的管理功能,诸如对非财务的人力资源信息和薪资的历史信息给予了考虑,然而却未能系统地考虑人力资源的需求和理念。

3. 第三代 HRMS

20 世纪 80 年代末,先进的人力资源管理理念进入 HRMS。随着经济全球化的浪潮,市场竞争加剧,人才成为企业最重要的资产之一,促使 HRMS 引进先进的人力资源管理理念。第三代 HRMS 从人力资源管理的角度出发,成为企业加强人力资源管理的重要工具,将与人力资源相关的数据统一管理,形成了集成的信息源。HRMS 得到了飞速发展,但是相比财务信息化的发展,HRMS 信息化程度明显落后。

4. 第四代 HRMS

20 世纪 90 年代末,HRMS 发生革命性变革。20 世纪 90 年代末,随着企业管理理念和管理水平的大幅提高,社会对 HRMS 有了更高的需求;同时个人计算机的全面普及,数据库技术、客户/服务器技术,特别是 Internet/Intranet 技术的发展,促使 HRMS 发生革命性变革。第四代 HRMS 开始运用网络技术,实现信息的实时共享。但第四代 HRMS 对网络的应用还有限,功能不够强大。

5. 第五代 HRMS

21 世纪初,HRMS 飞速发展,智能化和电子化 HRMS 出现。进入 21 世纪,伴随信息化的普及与互联网的快速发展,企业需要思想、技术更为先进的 HRMS。第五代 HRMS,也即 IHRMS(智能化 HRMS)和 EHRMS(电子化 HRMS),它们紧密联系企业人力资源管理实践,同时充分利用信息网络,从根本上改变了员工与企业的沟通方式。第五代 HRMS 能够为企业提供人性化的管理模式,为企业提供大量的决策信息。中国的 HRMS 正在逐步向 IHRMS 和 EHRMS 迈进。

（三）HRMS 的分类

进入 21 世纪，国内外与人力资源管理有关的系统和程序发展都非常迅速，众多 HRMS 如雨后春笋般涌现。这些 HRMS 各有特点，根据其功能，大致可分为四类。

1. 具有某种单一功能的 HRMS

具有某种单一功能的 HRMS，如薪资和福利计算系统、培训管理系统、考勤管理系统、人才测评软件和招聘管理软件等。

2. 传统的 HRMS

传统的 HRMS，涵盖人力资源管理的各种功能。从科学的人力资源管理角度出发，从企业的人力资源规划开始，一般包括招聘、岗位描述、培训、技能、绩效评估、个人信息、薪资和福利等。将这些信息储存到集中的数据库中，可实现对企业员工信息的统一管理。

3.ERP 蕴含 HRMS

一般 ERP 产品中都有人力资源管理系统。ERP 在人力资源管理信息系统加入以后，功能真正扩展到了企业全方位管理的范畴。人力资源的功能范围，也从单一的工资核算、人事管理，发展到可为企业的决策提供全方位的解决方案。HRMS 同 ERP 中的财务和生产系统组成高效的、具有高度集成性的企业管理系统。

4. 新型的 HRMS——IHRMS 和 EHRMS

Internet/Intranet 不仅冲击了传统的市场、供应、销售和服务等领域，也给人力资源管理带来了新的挑战和机遇。IHRMS 和 EHRMS，不仅使企业的人力资源管理自动化，实现了与财务流、物流、供应链、客户关系管理等系统的关联和一体化，而且整合了企业内外人力资源信息和资源，使其与企业的人力资本经营相匹配，使 HR 从业者真正成为企业的战略性经营伙伴。

（四）HRMS 功能及功能结构

1.HRMS 功能

（1）人力资源管理模块。人力资源管理系统从科学的人力资源管理角度出发，从人力资源规划开始，记录招聘、岗位描述、培训、技能、绩效评估、个人信息、薪资和福利、各种假期、离职等与员工个人相关的信息，并以易访问和可检索的方式储存到集中的数据库中，将企业内员工的信息统一地管理起来。

该模块可管理较全面的人力资源和薪资数据，具有灵活的报表生成功能和分析功能，使人力资源管理人员可以从烦琐的日常工作中解脱出来。同时，综合性的报表也可供企业决策人员参考，如生成岗位的平均历史薪资图表，员工配备情况的分析图表，个人绩效与学历、技能、工作经验、培训之间的关系的分析等。

（2）薪资和福利模块。该模块通常可用于管理企业薪资和福利计算的全过程，其中包括企业的薪资和福利政策的设定、自动计算个人所得税、自动计算社会保险等代扣代缴项目。通常，这些程序还可以根据公司的政策设置并计算由于年假、事假、病假、婚假、丧假等带薪假期，以及迟到、早退、旷工等对薪资和福利的扣减；能够设定企业的成本中心并将薪资和总账连接起来，直接生成总账凭证；还能存储完整的历史信息供查询和生成报表；这类系统也可处理部分简单的人事信息。

（3）培训管理模块。培训管理系统一般通过培训需求调查、预算控制、结果评估和反馈及培训结果记载等手段，实现培训管理的科学化，并且和人力资源信息有机地联系起来，为企业人力资源的配备和员工的升迁提供科学的依据。

（4）考勤管理模块。为了有效地记录员工的出勤情况，很多企业购置了打卡机、考勤机等设备。考勤管理程序一般都与这些设备相接，根据事先编排的班次信息，过滤掉错误数据，生成较为清晰的员工出勤报告，并可转入薪资和福利程序中，使考勤数据与薪资计算直接挂钩。其生成的文档还可作为历史信息保存，用于分析、统计和查询。

（5）EHR。EHR 是一种基于 Internet/Intranet 的人力资源管理系统。EHR 强调员工的自助服务，如果员工的个人信息发生了变化，本人可以更新信息，经过一定的批准程序即可生效。同样，对于培训、假期申请、报销等日常的行政事务也可作类似处理。这样不仅减轻了人力资源管理人员进行数据采集、确认和更新的工作量，也较好地保证了数据的质量和数据传输的速度。由于网络不受时间和地理位置的限制，管理人员即使远在国外，也可以及时地处理其员工的各种申请，不会因为人不在公司而影响工作。同时，公司的各种政策、制度、通知和培训资料也可通过这种渠道来发布，有效地改善了公司的沟通途径。EHR 对公司的硬件环境、员工的素质和公司的管理水平都提出了较高的要求，这是 EHR 在现阶段发展最主要的制约因素。

2.HRMS 功能结构

一套典型的 HRMS 从功能结构上应分为三个层面：基础数据层、业务处理层和决策支持层。

（1）基础数据层。基础数据层包含的是变动很小的静态数据。它主要有两大类：一类是员工个人属性数据，如姓名、性别、学历等；另一类是企业数据，如企业组织结构、职位设置、工资级别、管理制度等。基础数据在 HRMS 初始化的时候要用到，是整个系统运转的基础。

（2）业务处理层。业务处理层是指对应于人力资源管理具体业务流程的系统功能。这些功能将在日常管理工作中不断产生与积累新数据，如新员工数据、薪资数据、绩效考核数据、培训数据、考勤休假数据等。这些数据将成为企业掌握人力资源状况、提高人力资源管理水平以及提供决策支持的主要数据来源。

（3）决策支持层。决策支持层建立在基础数据与大量业务数据组成的人力资源数据库基础之上，通过对数据的统计和分析，能快速获得所需信息，如工资状况、员工考核情况等。这不仅能提高人力资源的管理效率，而且便于企业高层从总体把握人力资源情况。

（五）HRMS 的系统构成

人力资源管理信息系统是对企业人力资源进行全面管理的人和计算机相结合的系统。它综合运用各种信息技术，同时与现代化的管理理念和管理手段相结合，辅助管理者进行人力资源决策和管理。它不仅是一个计算机系统，更重要的是一个管理系统。人、技术支持和组织管理理念是该系统的三个核心构成要素。

（1）人。人即企业中具有专业计算机知识的人力资源管理人员，是人力资源管理信息系统的根基，他们不仅要懂得较多的网络信息知识，能熟练地操作计算机，而且还必须了解本企业人力资源的结构并具有一定的管理能力。任何先进的技术和管理理念离开了能驾驭它们的人，其效用都将大打折扣。

（2）技术支持。人力资源管理信息系统从收集数据到数据加工、储存、传送、使用和维护，都离不开信息技术的支持，缺乏有效的技术支持，系统的工作效率将难以保证，管理理念的贯彻也将失去落脚点。人力资源管理信息系统通过全面运用计算机技术、网络通信技术、数据库技术以及运筹学、统计学、模型论和各种最优化技术，掌握企业的人力资源现状并建立起企业人力资源管理专家系统，为企业提供有关人力资源问题的高质量解决方案。

（3）管理理念。技术为管理服务。人力资源管理信息系统要发挥其作用仅靠技术还不行，必须与先进的管理理念结合起来。人力资源管理的实质是将知识资源视为企业最重要的战略资源，而人力资源管理信息系统本身就渗透着知识管理的思想，其关注的是如何利用员工数据信息获取最大的效益。这一管理思想应贯穿于人力资源管理信息化过程的始终。

（六）HRMS 的特点

与那种将员工的信息输入计算机，再用 Excel 或 Word 打印出报表的简单做法相比，人力资源管理信息系统有着明显特点。

首先，HRMS 是整合的、集中的信息源。我们可以先看看，企业现存有关人力资源方面的信息是如何保存和查找的？企业可能会用自编程序、FoxBase 或 Excel 来计算员工的工资，而员工的养老金信息、合同信息、个人信息等可能被存放于多个 Word 或 Excel 文件中或打印出来放在文件柜里。这种分散的信息源，在信息的采集、整理和更新时会产生许多重复的工作，造成人工浪费，其保存和查找也是一个相当困难的过程。由于这些信息都是分散保留的，当上级需要一份报表时，要将这些分散的信息匹配在一起，其工作量可想而知。而要使所有的信息得到及时的更新从而保持相容的状态则几乎不可能。

人力资源管理信息系统可以用集中的数据库将与人力资源管理相关的信息全面、有机地联系起来，有效地减少信息更新和查找中的重复劳动，保证信息的相容性，从而大大地提高工作效率，还能使原来不可能提供的分析报告成了可能。

其次，HRMS 是易访问、易查询的信息库。在没有采用和实施人力资源管理信息系统之前，当企业管理人员要统计数字时，往往依赖于某个人或某些人来获取。首先是找到人力资源部的相关人员，由他们从不同的计算机文件、复印件或档案柜中查找相关的信息，汇总后再提交。这种依赖于人的过程往往会因为花费的时间较长或缺少某个环节的数据而不能及时完成。

在使用人力资源管理信息系统之后，就会将依赖于人的过程改为依赖于计算机系统的过程。企业管理人员只要获取了相应的权限，就可以随时进入系统，直接查阅相应的信息。

再次，HRMS 有利于体现公平性原则，以留住人才。不少企业在不同程度上存在着人才流失现象，对此，除了抱怨外部环境以外，往往拿不出较为有效的解决办法。人才流失除了薪资因素之外，还有很多其他因素，如工作环境、领导公平程度、培训机会和个人前途等等。

二、人力资源管理信息系统的实施

企业在实施 HRMS 之前，首先要对自身进行客观而充分的评估，然后确定将要实施的 HRMS 的范围与边界，从自身实际情况出发，尽可能做到量体裁衣。人力资源信息化的实施过程应循序渐进，分步实施，先打基础，后谈应用。

1. 评估与定位

企业在实施 HRMS 之前，首先要对自身进行客观而充分的评估，要了解企业人力资源管理当前所处的阶段、实施 HRMS 的预算以及是否需要引入管理咨询等，然后才能确定将要实施的 HRMS 的范围与边界。由易到难，企业实施 HRMS 可分成以下三个阶段。

（1）提高人力资源的工作效率。其工作重点是行政事务管理、组织机构管理和薪酬福利管理。这几部分工作占用管理者大量时间，手工操作不仅效率低，且容易出错。因此，人力资源管理信息化首先要解决的是如何提高工作效率。

（2）规范人力资源的业务流程。人力资源管理重点是招聘管理、绩效管理、培训管理。人力资源管理信息化能将相关的工作职能完全覆盖并划分清楚，且能将优化后的流程体现在系统中。

（3）战略性人力资源开发。这是 HRMS 的最高阶段，工作重点是员工发展、职业生涯规划、人力资源成本评估、人力资源战略决策。企业不能只要求 HRMS 简单地满足当前的人力资源管理需求，而要充分考虑 HRMS 是否能为人力资源管理层次的提升带来帮助。

能否顺利完成上述三个阶段各自的重点工作，要从企业的实际情况出发，不能盲目地贪大求全，要尽可能做到量体裁衣。只有准确定位，才能寻找到合适的解决方案。

2. 选择供应商

在了解自己的需求之后，就要选择一家合适的 HRMS 供应商。需要特别指出的是，HRMS 的实施过程绝对不是简单的产品买卖过程，而应视为一个完整的项目。

3. 项目实施

项目的实施过程将分为三个阶段。

（1）实施前阶段。实施前阶段是与供应商配合进行的需求分析与系统设计阶段。在这个阶段，对人力资源管理者来讲，是一个难得的整理与完善人力资源管理运作体系的过程，有利于将以往离散的工作规范化、系统化。对供应商来讲，事先将客户的需求理顺，对整个项目的顺利实施起着决定性作用。因此，用户与供应商都应认真对待这一阶段的工作，而不应急于看到系统运行的效果。在系统进行定制化改造期间，用户应与供应商之间保持频繁的沟通，及时对需求进行确认，尽量避免不停地提出零散需求，容易导致项目管理的失控。

（2）实施完成后阶段。供应商在完成所有功能的开发之后，提交给用户的还只是一个系统框架，并不能马上运行，用户还需要在供应商的帮助下进行系统初始化与数据转换工作，使企业基础数据与员工基础数据在尽可能短的时间内迁移到系统中来。系统框架加上企业／员工基础数据，就构成了完整的 HRMS 基础设施平台，相关的人力资源业务管理职能与流程就可以在这个平台上执行了。

（3）培训阶段。由于一套完整的人力资源管理系统的内容十分丰富，为尽快使用户熟悉系统的操作，用户在正式运行系统前应接受供应商关于系统使用以及相关技能的培训。

4. 系统使用

需要指出的是，HRMS 实施成败的关键，在于管理者是否真正使用它。只有供应商与用户共同努力，才能为企业打造出适用、完善、专业的解决方案，才能为人力资源管理者所用。

三、人力资源管理信息系统的开发方案

随着计算机普及速度的加快和信息技术的发展，无论是从投资方面，还是从技术应用角度，在人力资源管理工作中普及管理信息系统的条件都已具备。企业选择什么样的人力资源管理信息系统，对企业的信息化建设和人力资源管理水平有重要影响。

（一）人力资源管理信息系统开发方案

1. 软件公司专业开发方案

聘请专业化的软件公司，针对本企业人力资源管理工作的需求，开发人力资源管理信息系统。

该解决方案的优点是：信息系统开发过程标准、规范，系统功能齐全，开发速度较快，性能可靠，系统支持与维护容易；企业人力资源主管部门内部各个业务单元以及下级单位，由于使用统一的管理信息系统，可以很好地做到信息共享，减少重复劳动，提高信息的利用率；信息的准确性高、一致性好。

不足之处：一次性投资较大，需要严格有效的组织和制度保障；新老系统交替需要一定的时间来适应，包括人员和设备两方面的能力适应，尤其是相关人员，因是新系统应用成败的关键，必须进行相应的技术培训；系统的功能扩展灵活性差，一般需要软件开发公司的后续支持。

2. 企业分散式自主开发方案

在实际工作中由于业务需要，企业人力资源管理人员根据自己掌握的

信息技术边开发边使用，逐步建立起信息系统。

优点：根据工作需要由具备软件开发能力的人力资源管理人员进行实用程序的开发和应用，可以提高信息的重复使用率和工作效率，减轻自身负担，所以人员开发系统的积极性、主动性较高；边开发边使用，开发与应用同步率高；自主开发使用，不需要专门培训，即便是推广应用，由于程序功能的针对性很强，功能单一，也不需要专门集中培训；一般不需要另外投资，对系统实施过程的组织要求不高。

缺点：信息系统不够完善，需要不断地补充；数据的规范性不好，容易造成应用程序之间信息数据格式不一致，形成信息孤岛；信息的共享性差，业务部门之间存在较多的重复性劳动，维护起来比较困难。

3. 企业集中式自主开发方案

由企业人力资源主管部门制定人力资源信息管理系统开发的技术标准、规范，各个业务部门和不同的管理层次在统一的技术标准和技术规范之下分步实施。

优点：统一的技术标准能够做到信息的格式统一，提高信息的共享性，有效地避免信息孤岛的产生，减少部门之间的重复劳动，提高工作效率；统一规划能够提高系统的开放性，有利于系统结构的稳定和接口的统一，使系统性能优化；应用程序开发比较规范、便于维护，避免了一次性集中投资；人力资源管理人员能够随系统的开发和应用逐步学习和适应，避免了新旧系统交替对使用人员的集中培训要求；功能模块开发应用同步进行，见效快，更容易调动管理人员应用系统的积极性；系统功能扩展灵活，能够很好地适应人力资源管理的各种不同需求。

不足：开发周期长，对专业人员进行系统规划的要求较高。

在上述三种人力资源管理信息系统开发方案中，软件公司专业开发方案和企业分散式自主开发方案是过去企业中采用较多的方案。由于软件公司专业开发方案成本高，软件的更新升级对软件公司的依赖性强以及人力资源管理工作对管理信息系统的需求灵活多变等，常常造成应用效果不好或者弃之不用的问题。在这种状况下，因为人力资源管理工作的迫切需要，就会走向第二种开发方式——企业分散式自主开发。企业分散式自主开发方案由于兼容性差，信息共享困难，重复劳动大量存在，影响了管理信息系统功能的发挥和工作效率的提高。我们认为，在现阶段走企业集中式自主开发的道路，是一种可行的优化方案，只要加强对管理信息系统开发工作的领导和组织协调，就可以避免前两种方案的缺点和不足。

（二）人力资源管理信息系统开发措施

为了确保人力资源管理信息系统开发的成功，必须采取三大措施。

第一，统一思想，提高认识，确保一次开发成功。人力资源管理信息系统的开发是一项系统工程，具有非常复杂的内部关联性，往往"牵一发而动全身"，若在系统初建时没有打好基础，将后患无穷，甚至前功尽弃。采用和实施这样一个系统会给企业的管理政策和制度、工作流程、工作习惯和工作任务带来变革，其实施过程中的数据采集也会涉及企业里的所有部门和全体员工，要花费大量的人力、财力和时间。人力资源管理信息系统要想成功实施，七分靠管理，三分靠技术。系统的规划和实施过程的实质是管理工程、软件工程、网络工程的综合集成，在系统的建设过程中必然涉及企业现行的人事管理机制的改革和创新，必然涉及部门利益和个人利益的调整。因此，公司上下都应该认识到这一点，各部门都应树立大局意识，把握好各自的定位。

第二，建立和完善系统实时维护制度，确保系统能够正常、稳定运行。人力资源管理信息系统涉及面广、信息量大，在系统建设初期，需要采集、核对大量的数据。因此，在开始进行系统建设就应该同步考虑系统的实时维护制度，对采集的数据应边输入边维护，确保人力资源管理信息系统的数据准确可靠，能够同步反映企业人力资源的现状。

第三，分模块设计开发，推广应用同步实施，确保信息系统紧贴企业实际，达到预期效果。在人力资源管理信息系统设计开发过程中，既要考虑系统的标准化和通用性，以及将来与国际接轨等问题，又要考虑企业的个性特征，系统应紧贴企业实际，切实解决企业存在的问题。因此，采取分模块设计、开发与推广应用同步实施的做法不失为一个好措施。一方面能够缩短从设计开发到实际应用整个过程的时间。

四、人力资源管理信息系统分析与设计

（一）人力资源管理信息系统分析与设计概述

人力资源管理信息系统的开发一般采用结构化系统开发方法（Structured Systems Analysis And Design，SSA&D）的方法。该方法是 20 世纪 70 年代形成的一种优秀的系统开发方法。它要求信息系统的开发工作按照规定的步骤，使用一定的图表工具，在结构化和模块化的基础上进行。结构化思想是把系统功能当作两个大模块，根据系统分析与设计的不同要求，进行模块的分解和组合工作。这种方法将贯穿于系统分析、系统设计和程序设计的各个过程。与传统的开发方法相比，该方法有以下特点：

面向用户，所有工作尽量吸收用户单位的管理人员和业务人员参加，始终与用户结合，一切从用户利益考虑；

加强了调查研究和系统分析；

逻辑设计和物理设计分别进行；

使用模块化和结构化方法；

严格按照阶段进行；

工作文件标准化和文献化。

使用结构化系统分析与设计的方法开发信息系统可以分为五个主要阶段。各个阶段的划分和主要任务如下；

调查研究阶段：主要进行现行系统调查研究，提出新系统目标，进行

可行性研究。

系统分析（逻辑设计）阶段：主要设计新系统逻辑模型。

系统设计（物理设计）阶段：主要进行代码设计、模块设计、输入／输出设计、文件／数据库设计、处理过程设计。

系统实施阶段：主要进行程序设计、人员培训、系统分调和总调。

系统维护和评价阶段：主要进行系统维护、系统评价。

（二）系统设计（逻辑设计）阶段

系统设计（逻辑设计）阶段主要完成对人力资源系统各层数据流程图（Data Flow Diagram，DFD）的绘制工作。各层 DFD 构成了新系统的逻辑模型。在绘制 DFD 时采用了自顶向下、逐步分解的方法。确定 DFD 的关键是确定系统的输入、输出、处理和外部实体。

人力资源管理信息系统的主要功能模块。

（1）职位管理模块。职位评价是用科学的评价手段，对各个职位的相对价值加以评定并得出各个职位的特点，而职位分类则在对各个职位的职责做了界定和职位评价，得到了各个职位特点的基础上，对所有职位进行职系、职组的分类及职级、职等的划分。该模块包括职位分析、职位控制两部分，通过职位分析，对岗位要素进行量化，建立综合分析模型，评价岗位设置的必要性和重要性程度，形成岗位规范和职位说明书，管理各职位的任职情况、超编情况、空缺情况，并按部门编制职位表和空缺职位表。

（2）人员招聘管理模块。本模块可根据人力资源计划以及职位信息，对编制招聘计划、发布招聘信息、采集应聘信息、甄选、面试、录用全过程进行自动化管理。运用人员素质测评系统软件，对应聘人才的品德素质、身心素质、能力素质等进行测评，并建立人才数据库，记录人才的背景、生平资料、工作经历、专业技能、主要业绩、目前状况，以及相关的素质测评数据。通过互联网，从网络人才市场直接获得基本人才信息，存入本企业人力资源信息系统备用。

（3）人员基本信息管理模块。包括职员基本人事信息和人事变动信息两部分，主要用于职工基本信息的录入、修改、查询、统计以及人事变动情况的记录，并提供各类员工卡片、名册、统计报表。

（4）绩效评估模块。影响和决定绩效的因素包括员工自身的主观性因素和员工工作所处的客观环境因素两类，该模块主要用于对员工工作职责和内容、工作绩效进行管理和评价，对绩效要素进行量化，形成综合评价模型，为薪酬、奖惩、培训开发提供依据。

（5）薪酬与保险福利管理模块。薪酬项目、计算公式和表格的自定义功能，薪酬数据录入、计算、汇总、转换、输出功能、薪酬发放凭证、表格打印功能、保险福利项目管理功能、人工成本统计分析功能等。

（6）教育培训管理模块。企业内部面向全员的在线式培训管理模块，培训数据库根据岗位类别及等级分类构建。

（7）劳动合同管理模块。对劳动合同进行综合管理，包括合同期满人员系统提示和通知功能、自动生成和打印劳动合同文本功能、合同执行情况跟踪管理功能、存储和查询劳动合同的历史记录功能。

依照上面的模块分解员工管理系统，可以得到员工管理第一层 DFD。

对人力资源管理系统的数据库做了规划后，根据数据库表信息的特点设置数据表字段的名称、类型、长度。

（三）系统模式的应用

根据新模式开发出来的人力资源管理信息系统已经应用在企业人力资源的战略规划、工作分析和岗位测评、绩效评估、人力资源开发管理等部分功能模块上，还可以应用在人力资源招聘、人员素质测评、薪酬设计、人力资源投入产出情况分析等管理和服务上。采用 SSA&D 开发整个系统，使开发过程简单明了。随着社会信息化发展，人力资源管理信息系统会得到更广泛的应用。

第三章　人力资源生态系统特征研究

第一节　人力资源生态系统复杂适应性特征

一、复杂适应系统（CAS）理论

复杂适应系统（Complex Adaptive System，简称 CAS）理论是现代系统科学的一个新的研究方向，作为第三代系统观，突破了把系统元素看成"死"的、被动的对象的观念，引进具有适应能力的主体概念，从主体与环境的互动作用去认识和描述复杂系统行为，开辟了系统研究的新视野。

（一）复杂适应系统的主要内容

复杂适应系统理论认为，复杂适应系统的复杂性起源于其主体的适应性。复杂适应系统的基本思想是：由于主体与环境及与其他主体间的相互作用，不断改变着它们自身，同时也改变着环境；最重要的特征是适应性，即系统中的主体能够与环境及其他主体进行交流，在这种交流的过程中"学习"或"积累经验"，并且根据学到的经验改变自身的结构和行为方式。各个层次的主体通过相互间的交流，可以再提升一个层次，在整体层次上凸显出新的结构、现象和更复杂的行为，如新层次的产生、分化，多样性的出现，新聚合的形成，更大的主体出现等。

复杂适应系统理论的内容包括以下几个方面：具有适应性的主体。这里所谓的具有适应性是指主体能随着时间而不断进化，特点是一能"学习"，二会"成长"；主体与环境的互动。主体与环境的互动体现在主体受到环境给予的刺激时能够做出反应，且主体可以接受反馈结果，据之修正自己的"反应规则"；个体的演变过程——受限生成过程（Constrained Generating Proce-dure，简称 CGP），反映在一定环境约束条件下主体发展和进化的一般规律。运筹学在一定约束条件下寻找最优解，只是一种静态条件下的算法，CGP 展示的是一幅活生生的、变化中的、充满新奇和意外的进化过程；从个体的演化到系统的演化——ECHO 模型，即根据个体演化过程，加上"资源"（Resource）和"位置"（Site）的概念，把个体演化和整个系统演化联系起来，形成了 ECHO 模型。该模型的主要特点是将宏观与微观统一地、有机地、内在地结合起来。

（二）复杂适应系统的特点

（1）主体具有主动性、适应性。系统中的主体可以自动调整自身的状态、参数以适应环境，或与其他主体进行协同、合作或竞争，争取最大的生存机会或利益。在这个演化过程中，主体的性能参数在变，功能、属性在变，整个系统的功能、结构也产生了相应的变化。

（2）系统具有明显的层次性，各层间界限分明，层与层间具有相对独立性。

（3）主体与环境（包括主体之间）的相互影响和相互作用，是系统演变和进化的主要动力。这种相互作用越强，系统的进化过程就越复杂多变。

（4）主体具有并发性。系统中的主体是并行地对环境中的各种刺激做出反应，进行演化。

二、人力资源生态系统 CAS 特征研究

人力资源生态系统作为一种人工生态系统，具有极其明显的复合生态系统结构特征。该系统由不同行业、职业规则或者模式相互作用的行为主体组成。这些主体能够洞察彼此的行为并根据其他个体的行为来调整自己的行为。人力资源生态系统能不断地学习和进化，并且经常同其他的系统相互作用，其具有强烈的适应能力，能不断调整适应方式以进行学习和进化。

根据生态系统的复杂适应性特征，我们可以相应地总结出人力资源生态系统 CAS 的相关特征。霍兰根据以往研究遗传算法和系统模拟的经验，提出了 CAS 系统在适应和演化过程中的七个要素，即聚集（Aggregation）、标识（Tagging）、非线性（Non-linearity）、流（Flows）、多样性（Diversity）、内在模式（Internal Model）、构筑块（Building Block）。其中，前四个要素是个体的某种特性，它们将在适应和进化中发挥作用，而后三个要素是个体与环境进行交流的机制。通过这七个基本点，可以判断系统是否为复杂适应性系统。人力资源生态系统属于典型的 CAS 系统。下文将从聚集、标识、非线性、流、多样性、内在模式和构筑块七个方面分析人力资源生态系统 CAS 特征。

（一）"聚集"特征

"聚集"主要是指主体通过"黏着"形成较大的、所谓多主体的聚集体，从而导致层次的出现。由于主体具有这样的属性，它们可以在一定的条件下，在双方彼此接受时组成一个新的主体——聚集体。聚集体在系统中像一个独立的个体那样行动。同类主体（Agents）的聚集形成介主体（Mem-Agents），从而导致层次的涌现。但并不是任意两个主体都可以聚集在一起，只有那些为了完成共同功能的主体才存在这种聚集关系。聚集不

是简单的合并，也不是消灭个体的吞并，而是新类型的、更高层次上的个体的出现。原本的个体也并没有消失，而是在新的、更适宜自己生存的环境中得到发展。在复杂系统的演变过程中，较小、较低层次的个体通过某种特定的方式结合起来，形成较大的、较高层次的个体。这是一个十分重要、关键的步骤，往往是宏观形态发生的转折点。

人力资源生态系统具有典型的复杂性，它由具有主动性的主体组成，所包含的单个主体（个人）通过某种组织形式聚集成上层的主体（团体），上层的主体（团体）又能够聚集成更上层的主体（企业），组成 CAS 典型的谱系结构。人力资源生态系统内部是一个分工明确的系统，其个体因子具有智能性和学习能力，具有主动性和适应性，它们有自己的目标、取向，能够在与环境的交流互动中有"目的"、有"方向"地改变自己原有的行为方式和结构，以更好地适应环境。这些个体因子在一起就能够形成企业的分工子系统，形成具有一定综合性的分工集合，完成系统生产经营中的某一特定职能；而不同的分工子系统又聚集在一起构成人力资源生态系统这一整体，共同完成系统生存发展的最终目标。在上述主体不断聚集的过程中，人力资源生态系统内部分工结构和层次不断形成，而主体的这种聚集是为了完成同一功能——实现获取长期稳定竞争优势这一共同目标。

（二）"非线性"特征

非线性是线性的反面，包括以下两个含义：一是叠加原理不成立，即 $f(ax+by) \neq af(x)+bf(y)$，这意味着 x、y 之间存在着耦合。对（ax+by）的操作，等于分别对 x 和 y 操作外，再加上对 x 与 y 的交叉项（耦合项）的操作；或者 x、y 是不连续（有突变或者断裂）、不可微（有折点）的。二是变量间的变化率不是恒量。"非线性"是指个体以及它们的属性在发生变化时并非遵从简单的线性关系。个体之间相互影响不是简单的、被动的、单向的因果关系，而是主动的"适应"关系，从而导致主体之间、层次之间的相互关系并不构成简单的"整体等于部分之和"的线性关系，而产生诸如混沌、分型、分岔等复杂的非线性耦合关系。以往"历史"会留下痕迹，以往的"经验"会影响将来的行为，实际上是各种反馈相互影响、相互缠绕的复杂关系。正因如此，复杂系统的行为才会如此难以预测，才会经历曲折的进化，呈现出丰富多彩的性质和状态。

人力资源生态系统的因子之间有着广泛而紧密的联系，每个因子都有其自身的特点，每一因子的变化都会受到其他因子变化的影响，并会引起不同因子之间的相互作用。现实中许多成功的人力资源生态系统的结构模式千差万别。可见，人力资源生态系统具有强烈的非线性特征。人力资源生态系统不具有加和性。个体因子能力、知识等的增强并不意味着部门的增强，而部门能力的增强也并不意味着企业整体能力的增强；另外，各个个体因子知识、能力等的增强并不意味着子系统的增强，而子系统的增强也并不意味着企业整体能力的增强；人力资源生态系统内各个体因子与子系统之间的范围都不能完全划分清楚。人力资源生态系统内各种交叉、重复、冲突、空白的现象长期存在；人力资源生态系统的系统输入和系统演进并不是正相关的；不可能完全消除人力资源生态系统内部的低效率状况。虽然可以运用各种手段来消除人力资源生态系统的不确定性，但是依然不能控制人力资源生态系统目标的实现程度，且系统内外任何微小的、偶然的变化都可能使得整个系统的目标指向转向难以预料的方向，产生不可控制的结果。

（三）"流"特征

"流"是指在个体与环境，以及个体相互之间存在着物质流、能量流和信息流。系统越是复杂，信息、能量和物质交换就越频繁，各种流也就越发错综复杂。这种流的渠道是否通畅、迅速到什么程度等，都直接影响系统的演化过程。另外，流可看作一种资源，是有方向的，可以导致沿着该方向的一方资源价值的增值。人力资源生态系统可以认为是一个各种个体因子之间的功能与物质、能量、信息的耦合网。之所以说它是一个"网"

而不是"链",在于强调它的层次性和并行性。通过这个"网",各层次的因子之间及因子与环境之间进行着物质、能量和信息（知识）的交流。现实世界由物质、能量和信息（知识）三大要素构成。三要素相互联系、相互制约，信息（知识）对物质、能量具有依赖性，同时信息（知识）又可以脱离物质、能量而单独进行搜集、整理、加工、传递、存储等活动。由于物质不灭、能量守恒，凡涉及物质、能量的系统属性都是加和性的，即整体等于部分之和。

人力资源生态系统的复杂适应特征不可能使世界的物质和能量有所增减，这必定与信息有关，因为只有信息是不守恒的，可以共享，可以增值。从信息角度刻画整体与部分关系的特征都是非加和性的。世界是由简单到复杂不断演化的，复杂性的增加并不意味着物质、能量的增减，而归根结底是信息的变化和增减。因此，在知识经济时代，知识成为新的经济增长要素，以信息和知识为基础的人力资源生态系统成为增强其自身能力的强有力手段。

（四）"多样性"特征

"多样性"是指复杂适应系统在适应过程中，由于种种原因，个体之间的差别会发展与扩大，最终形成分化；同一属性的主体之间也有着属性的差异性，而且这种差异性决定着它们在行为上也不完全相同。社会经济系统的复杂多变，以及企业不可能有固定的成功经营模式正体现于此。一般来说，多样性包含两方面的内容：一方面是可能性的多样性；另一方面是稳态的多样性。前者为涌现现象的发生提供了条件，而后者则为演化（稳态的跃迁）开辟了可能的途径。

人力资源生态系统的个体因子和它们的行为方式具有多样性的特征。多样性体现在人力资源生态系统个体因子能力的非单一化、能力表现的多元化。人是复杂性的个体，不同的成长环境和教育背景使人在个性特征、知识结构、工作经验、个人发展需求、认知水平和能力水平等方面存在显著的差异。同时，人力资源生态系统在不同的发展阶段对人才的需求也是有差异的。这在一定程度上影响着个体在人力资源生态系统中能力的发挥程度。这些差异性也就形成了人力资源个体因子在系统中发展的多样性。此外，人力资源生态环境、人力资源自身的特点，以及个体因子间的相互影响、相互作用等，都可能是造成人力资源个体因子在系统整个发展过程中存在差异性的原因。

（五）"标识"特征

"标识"是 CAS 系统为了聚集和边界生成而设定的标志。为了相互识别和选择，无论在建模还是在实际系统中，标识的功能与效率决定了信息交流的实现程度。

本节在对人力资源生态系统的"聚集"进行描述时就已经提到过，并非所有的主体都可以聚集在一起，只有那些为了完成共同功能的主体之间才存在这种聚集关系。而这种共同的功能需要赋予一种可以辨认的形式，该形式即是标识。标识如同战场上将自己的军队聚集在旗帜下的军旗，它是实现信息交流的关键，能够实现识别和选择的行为。在人力资源生态系统中，标识如同纽带，由它所引导的聚集形成了主体之间的功能耦合。人力资源生态系统的个体因子在由少到多、由单一到综合的发展和创造过程中会发生结构的涌现，而在涌现过程中，标识既是人力资源生态系统形成过程中的生成物，同时又是人力资源生态系统引导不同个体因子聚集方向的一个图标，反过来促进了人力资源生态系统进一步地发育和成熟。

（六）"内在模式"特征

复杂系统是由简单—复杂的若干层次所构成的，而每个层次可视为一个内部模型，它会与模型外部发生关系。在构造 CAS 系统时，可以将描述其属性的指标体系合理地组合、搭配，从而构建出所需要的各种子系统模型。

人力资源生态系统中的个体因子要适应外界环境就必须对外在的刺激做出恰当的反应，而反应的方式由内部模型所决定。人力资源生态系统的平衡既是一种状态，又是一种过程，而处于平衡状态的内部模型常常作为个体因子间描述和预测彼此行为的依据。然而，平衡状态又不是绝对静止的，一个较低水平的平衡状态通过知识主体和环境的相互作用就可以过渡到一个较高水平的平衡状态。这种平衡的、连续不断的发展，就是人力资源生态系统的发展演化过程。内部模型，盖尔曼和皮亚杰均称之为 Schema（图式或格局），它实际上代表了个体因子对外在刺激的反应能力。它可以是人力资源生态系统个体因子在适应环境过程中的一个行为规则，可以是对现实可能状态的一个预期，也可以是一个概念、一个符号等。

（七）"构筑块"特征

复杂系统是由若干个简单个体构成的，在新个体的基础上会形成更复杂的个体。复杂系统常常是相对简单的一些部分通过改变组合方式而形成的。因此，事实上的复杂性，往往不在于构筑块的多少和大小，而在于原有构筑块的重新组合方式。构件其实就是子系统已经建立起的稳态。在很多情况下，旧的内部模型常常扮演构件的角色，通过重新组合而生成新的内部模型。霍兰认为，如果一个基因群有足够的统一性和稳定性，那么这个基因群通常就可作为更大的基因群的构筑块。因此，内部模型和构件是理解复杂系统层次性的两个关键概念：某一个层次上涌现出来的内部模型稳态作为更高层次上的一个构件，参与其他构件之间的相互作用与耦合。于是，通过合理地区分系统的层次，运用这两个概念便可以帮助我们弄清不同层次之间的规律是如何联系和转化的。

根据以上的讨论，我们不难发现，人力资源生态系统具有类似于分形（Fractal）的特点：人力资源生态系统是由若干子系统耦合而成的一个关系网，而每一个子系统又是更低层次的子系统耦合而成的关系网，并且从结构和功能来看，每一层次子系统的内部结构及耦合方式都与更高层次及更低层次的系统相似。由多层次构件构成的人力资源生态系统具有多层次、多功能的结构，每一层次均是构筑上一层次的基本单元，同时又对下一层次的单元起支配和控制作用。人力资源生态系统各个层次上的个体均具有智能性、适应性、主动性等特征。人力资源生态系统发展过程中，个体的性能参数在变，个体的功能、属性也在变，整个人力资源生态系统的结构、功能也产生相应的变化。

通过上述分析可以看出，人力资源生态系统具有复杂适应系统的七大特征；人力资源生态系统内的各因子/要素（子系统）具有自主判断和行为的能力、与其他因子/要素（子系统）之间交互（信息、能力和物质）的能力、对环境适应的能力，并且具有相互依赖性，还能根据其他因子/要素（子系统）的行为及环境变化不断修正自身的行为规则，以便与整个系统和环境相适应。

三、其他相关生态系统 CAS 特征研究

（一）商业生态系统复杂适应性

商业生态系统是一个复杂适应系统。大量的商业组织或其他组织构成了商业生态系统的适应性主体；大量的参与者通过交互作用推动系统的不断演进；商业生态系统中不同层次、不同类型的主体占据着自身的生态位，较低层次的主体对于较高层次的主体来说犹如"构筑块"（Building Blocks），各层次的主体能根据自身的需要通过竞争或合作自主地集聚或分裂，从而涌现出系统的多样性和复杂性。

（二）企业生态系统复杂适应性

1999 年 4 月，美国《科学》杂志出版了"复杂系统"专辑。两位编者 Richard Callagher 和 Tim Appenzeller 在其以"超越还原论"为标题的导言中，对他们所指的"复杂系统"做了简单的描述：通过对一个系统的分量部分（子系统）的了解，不能对系统的性质做出完全的解释，这样的系统称为"复杂系统"。据此定义，可以证实企业是一个复杂系统。由于它在发展过

程中必须与它的环境进行物质、能量和信息的交换，因此，企业又是一个开放的复杂系统。比较而言，企业的外部环境就是一个具有更高程度复杂性的超常系统。复杂性主要存在于或是表现在系统与其环境的相互作用关系过程中。企业的复杂适应性主要表现在企业结构的复杂性、企业环境的复杂性，以及企业结构和环境的相互作用关系上。

（三）知识生态系统复杂适应性

在生态学中，生态系统就是在一定空间中共同栖居的所有生物（生物群落）与其环境之间，由于不断地进行物质循环和能量流转过程而形成的统一整体。在一定区域内，和生物一样，没有一个知识主体（知识主体是指能为问题求解提供专门且高水平知识的个人、群体或企业）能够长期单独生存。在社会中，每个知识主体直接或间接地依靠别的知识主体而存在，并形成一种有规律的组合。在这个组合中，相对于每一个知识主体来说，生活在它周围的其他知识主体连同知识环境构成了其生存的外部环境。知识主体与其外部环境通过物质、能量和信息的交换，构成一个相互作用、相互依赖、共同发展的整体。我们把这种知识主体与知识环境形成的相互作用、相互影响的系统，叫作知识生态系统。具体来说，知识生态系统是指在知识主体之间及知识主体与知识环境之间不断进行知识交流与知识循环而形成的统一整体，是一个由知识与知识主体及知识环境（包括知识管理技术、外部文化、外界结构、知识战略等）所组成的人工生态系统。

第二节　人力资源生态系统稳定性

稳定性概念成为一种科学术语，最早始于牛顿力学体系。无论是种群、群落还是生态系统，对其进行稳定性分析都是理解系统动态行为的重要方面。人类迫切需要解决的自然资源管理、生态环境保护及持续发展等问题，都有赖于对生态系统稳定性的认识。

人力资源生态系统的稳定性，对人力资源生态系统的健康、持续发展具有决定意义。在如今信息技术瞬息万变的时代，人力资源生态系统的不稳定会导致系统内部结构混乱无序，功能由于内耗而减弱，甚至导致系统的坍塌。探究人力资源生态系统的稳定性问题，将会给人力资源生态系统的健康管理提供依据。

一、系统稳定性内涵

关于稳定性的定义，不同的学科领域，如数学、工程等都有自己的理解。比较经典的是控制学中对稳定性的理解：如果对于小的干扰，运动所受的影响将较小，则未受干扰的运动被视为稳定；如果对于大的干扰，运动所受的影响将较大甚至无界，则未受干扰的运动被视为不稳定。控制学领域的稳定性理论中，以李雅普诺夫（Lyapunov）稳定性理论最为经典。对于一个 n 维自适应系统，他将其稳定性分为稳定、渐进稳定和大范围稳定三种形式。

系统的稳定性，与传统稳定性的概念有所不同。传统的稳定性是一种平衡的、静止的稳定性，而现代科学所定义的系统的稳定性是指系统在非平衡的状态下保持自身有序的稳定性的能力。因此，对于系统稳定性较为准确的定义为：在外界作用下，开放系统具有一定的自我稳定能力，能够在一定范围内自我调节，从而恢复和保持原来的有序状态、原有的结构和功能。

二、生态系统稳定性内涵

经典的生态系统稳定性定义，包括生态系统对外界干扰的抵抗力（Resistance）和干扰去除后生态系统恢复到初始状态的能力（Resilience）。

邬建国认为，生态系统稳定性包括四种相关但不相同的含义和用法：抗变性或阻力、复原性或恢复力、持续性或持续力、变异性或恒定性。

柳新伟等人将生态系统稳定性定义为不超过生态阈值的生态系统的敏感性和恢复力。生态阈值是生态系统在改变为另一个退化或进化系统前所能承受的干扰限度；敏感性是生态系统受到干扰后变化的大小与其维持原有状态的程度；恢复力就是消除干扰后生态系统能回到原有状态的能力，包括恢复速度和与原有状态的相似程度。

三、人力资源生态系统稳定性内涵

目前研究未见对企业人力资源生态系统稳定性的定义，由于不同生态系统之间存在着功能相似性、结构的可模仿性，首先需要考察并研究紧密相关的产业生态系统稳定性概念：产业生态系统稳定性主要体现在系统的抵抗能力和恢复能力两个方面。抵抗能力是指产业受到各种因素的干扰，如宏观经济不景气、政治环境不稳定、产品需求量突变等，其能继续维持系统结构和功能的能力。恢复能力是指产业生态系统遭到外界各种因素的扰动后，迅速恢复到原系统状态的能力，甚至逐步上升至一个更优状态的能力。

参照生态系统稳定性的经典定义，可以对人力资源生态系统稳定性的概念作如下界定：人力资源生态系统稳定性是指生态系统在受到外界环境的干扰后，系统保持现状的能力，即抗干扰能力与系统受到干扰后回到原来状态的恢复能力。人力资源生态系统稳定性的强弱，取决于自身的各种能力、组织结构、组织文化等很多因素。不同类别的组织、企业，其影响因素也会不同。

人力资源生态系统不可避免要承受来自环境或系统自身的各种干扰，如自然环境变化、国家政策制度变动、外部竞争对手和人力资源市场变化的影响等；系统内部人力资源竞争格局的变化，系统内部组织体系、薪酬模式、激励方式的改变，系统内部人员的流动和流失，系统不断的发展变化等，都影响到人力资源生态系统的稳定状况。人力资源生态系统与其他相关子系统互动和相关性很大，而其他生态系统发生变化时，也会给人力资源生态系统带来一定的冲击。人力资源生态系统自觉抵制干扰，维持稳定，以及失去稳定后的自我恢复能力，是人力资源生态系统健康、持续发展的重要内容。

四、人力资源生态系统稳定性特征及其影响因素

（一）人力资源生态系统稳定性特征

从系统论角度出发，企业人力资源生态系统稳定性是一种开放的，动态的、相对的、整体的稳定。

1.开放的稳定性

生态系统是一个不断与外界进行物质、能量和信息交换和交流来维持其稳定性的开放系统。企业人力资源生态系统也是一个开放的系统、一个典型的耗散结构，它不断从外界引入负熵来抵消正熵的增加，维持系统的稳定与有序。比如，企业会逐步淘汰不合格的员工，而招聘新员工来逐渐完善企业人力资源类型和结构，使其符合企业发展的要求。同时，企业通过与外部环境的信息交流，不断适应外部环境的变化来维持其稳定性。可以说，如果企业人力资源生态系统是一个封闭系统，必会造成其结构的坍塌，其稳定性无从谈起。

2.动态的、相对的稳定性

运动是物质的属性。企业人力资源生态系统通过管理系统针对不断变化的内外因素，为维持系统的正常功能所作出的一系列系统结构和功能的变化，通过反馈调节机制和系统自组织，使各种变化限定在允许的范围内，以保持企业人力资源生态系统具有正常的功能，保持人力资源生态系统处

于动态的、相对稳定的状态。

3. 整体的稳定性

企业人力资源生态系统的稳定性，不是指系统中个别要素、个别部分、个别层次的稳定性，而是指企业人力资源生态系统整体的稳定性。如果某一部分或某几部分是稳定的，而其他部分却不稳定，那么这种不稳定会影响到其他部分的稳定，造成整个系统的不稳定。部分稳定不代表整体的稳定，只有部分之间以一种有机的结合方式，才能体现整体的稳定。

（二）人力资源生态系统稳定性的影响因素

人的自然、社会双重性，决定了人力资源生态系统包含着人与自然环境、人与社会环境的两类物质、能量、信息交流。人力资源作为影响和制约社会经济发展的一个重要因素，在一定程度上服从于社会经济的发展规律。与此同时，人力资源作为一个自然因素，必然要服从于生态学和人类学的自然规律。企业人力资源生态系统作为人力资源生态系统的子系统，其稳定性同样受到其所处社会、自然环境的影响和制约。自然环境和社会环境的剧烈改变，在各个层面上冲击着企业人力资源生态系统的变化，影响其稳定性。比如，市场环境变化、法律法规改变、经济政策调整等，会给企业人力资源生态系统稳定性带来冲击。

企业人力资源生态系统还受到企业层面的一些因素的影响，如企业发展前景好、竞争力强等，都会保持对人才的吸引力，而那些处于相对弱势的企业对人才的吸引力较弱，人才的流失在所难免。同样，企业的薪酬高低、考核是否公平、晋升通道等，都影响员工的忠诚度，进而影响其稳定性。企业层面的影响因素主要有企业文化、企业规模、发展阶段和发展前景、人力资源管理制度等。譬如，企业规模、企业管理模式等对离职倾向和工作满意度具有很大的影响；企业效益和前景是影响员工去留的重要因素；员工导向文化既有利于培养知识型员工的感情承诺，也有利于培养他们的继续承诺，而任务导向文化既不利于知识型员工的感情承诺，也不利于他们的继续承诺。

人力资源要素是企业人力资源生态系统的主体，它们的自身特征是企业人力资源生态系统稳定性的主要影响因素。例如，企业员工的工作志向、兴趣与企业的工作氛围是否匹配，将会深深地影响其是否愿意在企业中工作；领导者的领导风格等不仅会影响员工的工作氛围，还会影响到企业的大环境。

第三节　人力资源生态系统演化

一、演化与生态系统演化

德国生物学家冯·哈勒（Von.Haller）（1774）率先把演化（Evolution）一词系统地用于生物现象。法国生物学家 Lamarck（1809）最早提出了物种起源的演化学说，认为一切物种，包括人类在内，都是由其他的物种繁衍而来的，而生物的变异和演化又是一个连续的、缓慢的过程。环境的改变使生物发生适应性的演化。环境的多样性是生物多样化的主要原因。1859 年达尔文（Darwin）建立了科学的生物进化论，认为自然界的生物是以"物竞天择，适者生存"的规则演化的。1862 年社会学和生物学家斯宾塞（Spencer）给"演化"的定义："演化乃是物质的积聚和与之相伴随的运动的耗散，在此过程中物质由不定的、无条理的同质状态转变为确定的、有条理的异质状态。"多布然斯基（Dobzhansky）（1937）发表了《遗传学与物种起源》，对自然选择和基因学说进行了综合，形成了现代达尔文进化论（Darwinian），标志着生物学演化思想的真正形成。

二、人力资源生态系统演化内涵及其动力特征

(一) 人力资源生态系统演化内涵

人力资源生态系统与自然生态系统一样，具有生命特质，会随着系统内各生命体的交互作用而逐步进化，具有由简单到复杂渐进式演化的特性，本质上是动态进化导致系统的结构和功能优化发展。

人力资源生态系统的演化意味着发展，从系统的基元——个体因子来看，表现为系统内部个体因子之间通过竞争与协同等相互作用，通过自我组织、自我调整而逐步达到相对稳定的状态。在这个过程中，首先，个体因子会进行选择性的"学习"或"积累经验"；其次，个体因子根据学到的经验有意识地改变自身结构和行为方式，从而产生变异；最后，通过有选择的"学习"和有意识的变异，个体因子适应了动态的环境，得到了进化和发展。人力资源生态系统中的个体因子就是这样不断地选择、变异和发展循环，实现与动态的环境相适应。

从系统的结构和功能来看，系统的初始状态往往有序程度很低，人和人之间的磨合难度较大、默契程度较低，各职能部门（子系统）、工作团队之间同样面临磨合和默契的问题，系统整体功能难以有效体现。随着各子系统之间、系统基元之间、系统基元与子系统之间、系统基元和子系统与环境之间的物质、能量和信息交换，系统各因子自我调整、学习、变异，系统内部各组成模块之间有序性增强、功能互补性增大，系统的整体有序程度上升，系统功能逐步强化，团队的协作能力大大加强，整体效能提升，到了一定程度，由量变到质变，系统会衍生出新的系统功能，体现出系统的组织、结构和功能性演化特征。

(二) 人力资源生态系统演化动力

按照哈肯（Haken H）的观点，自组织系统演化的动力是系统内部各个

子系统之间的竞争和协同，而不是外部指令。他指出，系统内部各个子系统通过竞争而协同，从而使竞争中的一种或几种趋势优势化（形成"序参量"的过程），并因此支配整个系统从无序走向有序，即自组织起来。

人力资源生态系统演化的动力，也是来自系统内部的两种相互作用：竞争和协同。个体因子之间、工作团队之间的激烈竞争促使人力资源生态系统趋于非平衡，而这正是自组织演化动力和自组织形成的首要条件；同时，个体因子之间、工作团队之间的协同，则在非平衡条件下使个体因子和工作团队的某些行为趋势联合起来并加以放大，从而使之占据优势地位，支配着人力资源生态系统整体的演化。

1. 竞争

所谓竞争，就是系统间或系统内各要素或各子系统间相互争胜、力图取得支配和主导地位的活动与过程。竞争是人力资源生态系统演化最活跃的动力。人力资源生态系统中的个体因子由于异质性和从组织中获取的资源能力等不同而不可避免地存在竞争，各工作团队的职能分工、群体差异、利益博弈也使之存在竞争，而竞争的存在和结果则可能造成系统内部或系统之间更大的差异、非均匀性和不平衡性。从开放系统的演化角度来看，这种竞争一方面造就了系统远离平衡态的自组织演化条件；另一方面推动了系统向有序结构的演化。

2. 协同

所谓协同，就是系统中诸多子系统的相互协调、合作的或同步的联合作用、集体行为。在人力资源生态系统中，个体因子（或工作团队）之间的协同在组织发展中起到了重要的作用。为了共享利益，甚至曾经有利益冲突的个体因子（或工作团队）都可能为达成一种默契或联盟而共同学习，一起应对其他人力资源生态系统。协同的重要意义在于，协同使得各个个体因子（或工作团队）获得了更好的发展。以合作求竞争，已经被管理界认识、提倡，并且被企业认同。

3. 序参量与支配过程

哈肯认为不论什么系统，如果某个参量在系统演化过程中从无到有，并且能够指示出新结构的形成，它就是序参量。对于人力资源生态系统，序参量主要指其内部各个体因子（或工作团队）在合作与竞争中所形成的一系列协议、习惯和规则等。首先，序参量是人力资源生态系统内部各个体因子（或工作团队）集体行为的产物，是其合作效应的表征与度量。比如人力资源生态系统在形成之初，可能是处于无序状态，即系统内各个体因子（或工作团队）独立行动、各行其是，但当某一控制参量驱使系统远离平衡时，各个体因子（或工作团队）的独立行动开始关联、相互作用；又由于涨落的存在，各个体因子（或工作团队）的关联与相互作用和环境的能量输入共同构成非线性的耦合关系，在非线性正反馈的作用下，自发走向所谓"长程关联"。于是协同开始在竞争与协同的矛盾中占据主导地位，各个体因子（或工作团队）间形成合作关系，协同行动，最终导致序参量出现。其次，序参量支配人力资源生态系统内部各因子的行为，主宰人力资源生态系统自组织的整体演化过程。

（三）人力资源生态系统演化条件

人力资源生态系统是典型的、非线性的复杂系统，具有自组织特征，可以从自组织的条件来研究其演化条件。自组织是指没有外界的特定干涉而能自行组织、自行创生、自行演化，使组织从无序到有序、形成有序结构和层次的系统。

自组织系统必须具备四项条件：开放及开放到一定程度、远离平衡态、非线性相互作用和涨落。每一项都是形成自组织的必要条件，每一项在自组织的生成过程中都有自己的地位和作用，单独的任何一项都不足以引发系统的自组织行为。本节将从开放性、远离平衡态、非线性相互作用和涨落四个方面，分析人力资源生态系统的演化条件。

1. 开放性

人力资源生态系统在自身的演化发展过程中，需要不断地与外界进行人员、信息、技术等方面的交换，并通过反馈进行自我控制和调节，以达到适应外界环境变化的目的。因此，人力资源生态系统必须保持开放性，才能维持系统的自组织演化。在组织发展的不同阶段，组织必须根据自身发展的需要，从外界引进优秀的人才、先进的技术和管理理念，同时也会淘汰不能够适应系统发展的人员、技术和管理理念。可以说，人力资源生态系统的生存和演化，实质上是在不断与外界环境交换物质、人员、信息的过程中实现的。

2. 远离平衡态

在一个人力资源生态系统内部，各个因子的知识、能力和职责是不同的，所在的子系统具有的职能和发展目标也是不同的，不同因子对同一子系统产生的影响也存在差异等。这些都表明了人力资源生态系统是处于远离平衡的状态。如果人力资源生态系统处在平衡状态下，即系统内所有组成因子在知识、能力、职责等方面相差无几，各个因子拥有相同的权利和报酬，那么这种均衡的状态势必定使整个系统变得死气沉沉，缺乏竞争力，很难再取得进步和发展。因此，远离平衡态是人力资源生态系统演化发展必不可少的条件。

3. 非线性相互作用

非线性相互作用是指复杂系统中诸要素不是简单地进行数量叠加，而是随时间、地点和条件的不同，呈现出不同的相互作用方式和效应，即整体不等于部分的简单加和。在人力资源生态系统中：首先，由于非线性作用，不同的个体因子（或工作团队）处于一种竞争状态之中，相互争取空间、时间或功能上的有利态势与资源优势，这就造成非平衡的竞争协同运动，因而促进了系统演化；其次，生态系统内部同时还存在各因子间的协同，而协同又使各因子联合起来。如果没有非线性作用，那么这种联合仅仅是各因子作用的简单叠加，而在非线性作用下，这种线性叠加失效了，取而代之的是这种联合被放大而产生整体性行为。一个员工微不足道的失误，最终可能使整个企业损失重大。例如，1995年由于里森个人的判断失误，使得英国百年老店巴林银行倒闭。同样，一个优秀员工的优秀行为可能给整个组织带来极大的好处。人力资源生态系统的功能和水平不是由具备各种不同知识和能力的个体因子简单叠加，而是由各个因子间的非线性相互作用形成其自身的功能和特性。

4. 涨落

系统的发展演化通过涨落达到有序，通过个别差异得到集体效应放大，通过偶然性表现出来的必然性，从而实现从无序到有序，体现出涨落有序的特征。涨落是对系统稳定的平均状态的偏离。任何一个现实的系统都不可能处于绝对静止的平衡状态。人力资源生态系统也不例外。人力资源生态系统的影响因素分为外部因素和内部因素。外部因素如国家政策的变化、突发事件的发生等；内部因素如高级人才的突然离职、员工学历结构的变化、采取新的管理策略、新技术的创新等。这些变化无疑都会影响到整个系统，从而使人力资源生态系统偏离正常运行轨道，出现涨落现象。在这些因素中，有的因素有利于提高整个系统管理的效率，而有的则背离系统发展目标，它们的综合作用最终影响系统的演化。因此，涨落是人力资源生态系统演化的重要动力。

综上所述，我们得出人力资源生态系统是一个远离平衡态的、非线性的、具有涨落特征的开放系统，具备了自组织形成的条件。人力资源生态系统能够作为一个自组织系统自行创生、自我适应、自我调节、自我演化，自主地从无序走向有序、由低级有序走向高级有序。

三、人力资源生态系统个体因子自组织演化

本节从自组织理论的角度分析人力资源生态系统的个体因子系统，指

出人力资源个体因子具有自组织特性，探讨了个体因子自组织演化的机制，为激发组织个体动力、有效管理组织员工提供理论依据。

（一）人力资源生态系统个体因子系统

结合当代心理学的动机理论和系统科学理论，从人的生活价值与意义的角度出发，可以假设人力资源生态系统中的个体因子是作为"自我发展人"而存在的。个体因子工作的意义也在于不断形成和实现心中的发展目标，从而不断促进自我的发展。人力资源生态系统中的个体因子可以作为一个系统来分析。单个个体因子在人力资源生态系统中首先是作为一个个体而存在的，每个个体因子与系统中的其他个体因子既有同质性，又有异质性。个体因子系统至少应该包括以下几个方面。

首先，代表一个个体因子的是该因子的内在特征，包括性格、气质、内在动机等个性，以及个人境界、人生追求、价值标准等内在层次的内容。用现代系统科学来说，就是支配和影响人的思想和行为的精神系统（信息系统），其中个人的思想、性格、思维方式都受精神系统所决定。该系统的水平上升，人的行为境界和水平就会随之上升；该系统出了问题，整个系统（人）就出了问题。

其次，个体因子的第二个系统是生理意义上的自我系统，即人的肉体，包括个人的身体健康状况、体质水平等。身体是本钱，身体出了问题，什么事都做不成。这是个体因子的重要子系统，该系统同样错综复杂，我们对其了解得更多、更精细，就更好把握。该系统和心性系统紧密相依、互相作用，构成人的生命体系。

在上述两个子系统的基础上，衍生出一系列的次级子系统。由教育背景、知识结构、艺术修养和文化熏陶形成的知识和价值规范系统，它归属于心性与生理系统，也受制于这两个系统，从而形成个体差异。由工作经验、家庭状况、社会地位、经济实力等构成的自我认知和行为逻辑系统，它同样归属于心性与生理系统，但更多受到客观现实的影响，决定其行为取向，如个体的地位和环境差异，同样境界的人将有不同的行为模式。

（二）人力资源生态系统中个体因子系统的自组织演化过程

个体因子系统在外部环境需求与系统内在需求的刺激下，通过内部各个子系统非线性相互作用，引起个体因子发展状态的涨落，进而导致个体因子复杂多元的发展（演化）方向。个体因子自身内在系统的运转构成特定的选择机制，推动个体因子系统向更高级别演化发展，达到新的稳态。

个体因子的自我状态变化可能经过自稳定过程或自重组过程。自稳定过程指的是，个体因子系统在涨落诱因下，其状态的轻微涨落并没有打破个体因子目前的平衡状态。根据系统稳定原理，个体因子系统在各种微小偶然扰动的作用下仍能保持原来的状态。当个体因子系统受到过大的涨落诱因的干扰，该干扰超过了打破平衡态的临界值，个体因子无法新的平衡状态，就可能引起系统的崩溃。比如，在外部环境突变和压力下的自杀行为，其根源就在于此。

（三）人力资源生态系统中个体因子系统的自组织演化机制

心性系统是基础，生理系统是条件，二者构成的性命系统是个体因子系统演化的起点，也是个体因子系统演化的终点。任何一个人，其人生过程都可理解为其生命系统的一个演化过程，通过演化达到一个新的境界，完成其人生的升华。心性系统和生理系统之间紧密相关，人的主要差别确实也不在肉体上，更多地体现在精神境界上。心性系统的弹性和发展空间非常广大，构成的个体差异也很大，所以演化的根本基础还在心性层面上，同样的经历、同样的环境，对有的人可能是千载难逢的成就自我的机会，而对有的人则可能是人生的悲剧。知识和价值规范系统、自我认知和行为逻辑系统，这两个系统在心性系统和生理系统的支撑下，与环境互动，通过选择行为构成内在演化模式，推动个体因子系统演化，使心性系统和生理系统达到新的境界。

（四）基于自组织理论的人力资源生态系统演化模型的构建

人力资源生态系统在自身演化过程中主要受到内部机制和外部环境的影响，即人力资源生态系统自组织演化的动力是由系统内部各个因子自身、因子间的非线性相互作用，以及内外环境变化所产生的随机涨落力共同构成的。我们用自组织理论研究人力资源生态系统各个因子之间的协同竞争关系，结合随机涨落力，建立人力资源生态系统演化发展模型。

1. 演化模型状态参量的确定

建立该系统的基本方程，首先要选取演化方程的状态变化参量。为了简化问题，我们把状态参量的数目设定为一个，即人力资源生态系统的成熟度，用 X（t）表示，主要用来描述人力资源生态系统演化过程的状态变量。系统的成熟度体现了系统在某一时刻 X（t）适应人力资源生态环境发展变化的程度。人力资源生态系统的作用就是合理地配置各种人力资源，促使系统在与周围的自然社会生态环境的互动过程中能够稳定发展，从而实现系统自我价值和社会价值。同时，人力资源生态系统的演化是将人与其生存发展相关的自然社会环境作为一个系统考察体系，从系统动力学的角度研究自系统建立起由小到大、由弱到强、由简单到复杂过程的变化规律和过程，强调系统中人与人之间，以及人与系统环境之间的关系。因此，运用成熟度能够较好地解释人力资源生态系统的演化过程。

2. 建立数学方程模型

我们假设人力资源生态系统是一个由不同个体因子组成的系统，而不是由多个人力资源生态子系统所构成的大系统。可设人力资源生态系统共由 m 个个体因子（主要指各种不同职位的人）构成，用 xi（t）表示在 t 时刻人力资源生态系统在因子 i 作用下的发展成熟度，用 img 表示人力资源生态系统成熟度的变化率。它取决于三种作用：系统中各因子之间的内协同非线性相互作用，即因子自身发展与抑制的结果。比如，个体因子在人力资源整个系统发展中受到自身心性系统特征、能力、专业技能、经验等因素的影响，而这些因素在一定程度上能够促进个体因子自身的发展。记自身发展项为 $a_{ii}x_i(t)$，a_{ii} 表示第 i 个要素自身发展的强度系数；自身抑制项为 $-b_{ii}(X_i(t))2$，b_{ii} 表示抑制自身发展的阻尼系数。比如，在人力资源生态系统中，由于个体专业的限制、经验不足等也可能会阻碍个体因子的发展。当然，这些影响人力资源生态系统发展的个体因子之间不一定会同时起作用，可能在某个发展阶段，有一两个因子起到非常关键的作用，而其他因子并不起作用；系统中各个因子之间的外协同非线性相互作用，即系统中各个因子间的协同与竞争。比如，系统内两个不同职位的人为了共同完成某项组织目标而协同合作，或者为了满足自身利益最大化而竞争。合作有利于组织目标的快速完成，从而促进人力资源生态系统的发展，而竞争有可能对整个系统的发展产生抑制作用。这些协同和竞争的关系，只发生在某一固定阶段有利益关系的个体之间，在没有任何利益关系的个体间不会存在。记协同项为 $a_{ij}X_j(t)$（j 要素对 i 要素的协同作用），a_{ij} 表示 j 要素对 i 要素协同作用的强度系数；竞争项为 $-b_{ij}(X_j(t))2$（j 要素对 i 要素的竞争作用），b_{ij} 表示 j 要素对 i 要素的竞争作用的阻尼系数；系统演化过程还受随机涨落力的作用。系统的涨落记为 $f_i(t)$。涨落是与必然随机性的非线性作用动力不同的另一类自组织演化动力。系统的涨落力来源于系统外部环境和系统内部环境两个方面。外部人力资源市场竞争格局的变化、新的劳动法规的变化等，都可能成为影响人力资源生态系统演化的外部涨落力；而系统内部个体的新发明和创新、新的管理模式的出现、个体因子知识结构的改变等，都可能成为影响人力资源生态系统演化的内部涨落力。

第四节 人力资源生态系统竞争

一、生态系统竞争

（一）系统生存与竞争原理

从生态学的角度来看，竞争是在资源不能满足需要时，个体间所发生的食物争夺现象。相互竞争是物种及个体之间相互作用的一种常见方式。

法国著名生物学家、诺贝尔生理学或医学奖获得者莫诺（Monod）指出：宇宙中存在的每一个事物都是机会和必要性的结果。生存是自然界与人类社会的一个最普遍的事实。宇宙万物（不论是有生命的还是没有生命的）一旦存在，其生存与发展动因都是物体的运动及其在运动中的相互作用。物体的运动使其保持生存状态，而物体间的动态相互作用使其在相互排斥和相互吸引过程中保持竞争力的相对平衡。按照牛顿力学第三定律，物体与环境及物体与物体之间的相互作用力（竞争力）均等，竞争的合力为零。

系统生存理论的研究源于法国数学家 Jean-Pierre Aubin。其观点是：设定一个区域，称为生存域，当系统状态进入生存域（不管系统状态处于生存域的什么地方），认为系统是生存的；当系统状态离开生存域，或在生存域之外，认为系统处于死亡状态。

系统与环境的相互作用导致系统的适应性生存，而系统之间的相互作用与竞争则导致系统的竞争性生存。系统所处环境是系统的生存域、生存空间或生存条件。系统在其上的生存水平用生存函数来度量。

（二）生态位分离、重叠与竞争的关系

生态位理论研究的一个重要方面就是通过对物种生态位的宽度、重叠

度等的计算，进而研究物种间的竞争关系。生态系统中竞争的结果是促使物种选择相适应的生态位。

俄国生物学家高斯于 1934 年研究了两种草履虫的竞争结果后，得出了如下的结论："生态学上接近的两个物种是不能在同一地区生活的，如果是在同一地区生活，往往在栖息地、食性或活动时间等方面要有所分离。"或者说，生物群落中两种生物不可能占有相同的生态位，这就是所谓的竞争排斥原理。可见，生态位概念与竞争排斥原理是紧紧地联系在一起的。一般来讲，种内竞争促使两物种的生态位接近，而种间竞争又促使两竞争物种生态位分开，这是两个相反的进化方向。

生态位重叠（Niche Overlap）也有许多不同的定义。Hurlbert 的定义：生态位重叠是两种物种在同一资源状态上的相遇频率。Pielou 认为，生态位重叠是资源状态的多样性。王刚等人将生态位重叠定义为两种物种在其与生态因子联系上的相似性。而 Pianka 等人认为，竞争与生态位重叠是密切相关的，但至少认为有生态位重叠就一定为竞争的观点是不全面的。在自然界，生态位经常发生重叠，但并不表现为竞争排斥现象。生态位重叠本身显然并不一定伴随着竞争。如果资源很丰富，两种生物就可以共同利用同一资源而彼此并不给对方带来损害。事实上，生态位的大范围重叠常常表明只存在微弱竞争，而邻接生态位反而意味着有潜在的激烈竞争（如种间领域现象），只是由于竞争回避才导致了生态位的邻接。可见，资源量与供求比及资源满足生物需要的程度，对研究生态位重叠与竞争的关系是非常重要的，而这一点很容易被人们忽视。所以，根据理论生态学原理，利用性竞争的一个必要条件是生态位重叠，但重叠并不一定导致竞争，竞争是在资源供应不足且生态位重叠条件下形成的（孙儒泳等译，1980）。由于生态位重叠比竞争系数更容易测定，所以常常用生态位重叠值等同于竞争系数（当然是在资源短缺、存在竞争的条件下）。根据机会均等原理，沿着任何一个特定的资源梯度，需求与供应之比应当是一个常数，因此，竞争强度应当与在特定资源梯度上所观察到的生态位重叠值成正比。

二、Logistic 模型理论

在提出逻辑斯蒂模型之前，最早给出种群生态学经典数学模型的是马尔萨斯（Malthus）模型。英国统计学家马尔萨斯在 1798 年《人口原理》一书中提出了闻名于世的马尔萨斯人口模型。但是，马尔萨斯的人口模型只能验证过去的人口而不能用来预测未来人口总数。

经典逻辑斯蒂方程在种群生态学中有着重要的地位及深远的影响，通常认为它阐明了种群与资源关系的逻辑规律，利用它可以表征种群数量的动态。著名实验有果蝇实验，Chapman（1931）的拟谷盗实验及鱼类的种群增长实验。逻辑斯蒂方程既可作为描述某一研究对象的增长过程，如在自然界，生物（包括个体和种群）的变化由生到死都经历着由小到大，由起始、发展到消亡的大致相似的阶段；也可作为其他复杂模型理论的基础，如以逻辑斯蒂方程为基础，Lotka 和 Volterra 分别于 1925 年、1926 年独立地提出两种物种间的竞争增长模型；此外，还可用于某些作物、畜牧、狩猎、渔捞等方面的收获时间的确定——最大持续产量原理（MSY 理论）。

在社会科学中，对工农业等经济发展的预测、市场的预测等，也可以以逻辑斯蒂方程为理论基础。比如，商店中新产商品的销售量，一开始销量很低（新产品信誉不佳），经过一段时间销量大大提高（信誉提高，销路打开），然后又降下来（需求饱和，新产品出现）。这种规律反映在商品销售量上就是一条"S"形的曲线。又如，人们对知识的积累，也是经历着一个由慢（初学）到快（掌握了学习方法后）然后再慢（厌烦或知识逐步饱和）的过程。知识的积累也是一条"S"形的变化曲线。

三、人力资源生态系统竞争模型

（一）人力资源生态系统中的资源竞争研究

近年来，随着人口激增、科技进步、资源严重消耗，社会竞争日益激烈，由于管理不善而造成的人才流失，以及由于人口激增带来的人才过度竞争问题日渐凸显。传统的人力资源管理方法已无法解决这一问题。另外，科学技术的发展正在消除学科界限，出现跨学科、交叉、边缘科学等学科融合的趋势。而生物学与人类社会生活息息相关，因其独具的特性，直接促进了其他许多学科的产生与发展。所以，提出用生态学的方法研究看待人力资源管理方面的问题，为解决现存人力资源方方面面的问题提供有效的方法。

在自然生态系统中，竞争是生态学和进化研究的焦点，是决定群落组成、结构与动态的重要因素。竞争理论几乎就是生态学的代名词。竞争的类型也可以从多个角度去分类，但这些所有的类别又因其本质中的共同点可归为一大类，即它们都属于资源竞争，都是由于对有限资源的共同利用而引起的有机体间的相互妨害。在一般情况下，当论及种间竞争时，通常也都指的是资源竞争。同样，在人力资源生态系统中，人力资源之间竞争的资源包括职位、技巧、知识、关系、机会等。人也是自然界的一部分，人力资源生态系统与自然界的生态系统有着千丝万缕的联系。Logistic 模型在研究种群增长、种群竞争中有着异乎寻常的重要意义。在人力资源生态系统中，研究"人"这个种群的生态位、竞争等，都与资源获取密切相关。由此，我们以 Logistic 方程为基础研究人力资源生态系统中的资源竞争。

由于人力资源、人力资源生态学的复杂性给数学模型的建立带来极大的困难，我们必须针对经典的 Logistic 方程在人力资源生态系统资源竞争中的不足，根据其自身的主体能动性、复杂性等在 Logistic 模型的基础上进行一定改进，用以预测人力资源生态系统中个体之间的资源竞争情况。

（二）经典 Logistic 模型基础上的资源竞争

Logistic 方程是种群在环境条件非常恶劣（如食物缺乏或气候恶劣）时增长的一种形式，而不是描述种群增长的一般性的解释性数学模型。由此可以看出，Logistic 方程只是近似地适应于营养水平较低的条件，大自然中的食物和营养供应紧张的普遍关系掩盖了这个方程的局限性。但若将其用于人力资源生态系统的资源竞争时，由于人力资源生态系统中资源竞争不像自然界那种残酷的生存竞争，所以竞争的资源经常会由于技术改进而扩大上限或找到替代品等，此时 Logistic 方程必然会暴露它的弱点。模型构建缺乏可靠的理论根据，所以我们要找到一种更为精确的模型来代替它。

针对以上我们所提出的 Logistic 方程存在的不足，以及人力资源生态系统本身的复杂性，必须对其进行改进。

（三）人力资源生态系统竞争模型构建

1. 改进 Logistic 方程

首先，从上面的分析可以看出，Logistic 方程的特点是反映资源供应紧张时种群增长的趋势，对于资源的利用有严格的上限。而人力资源生态系统中，由于人的主动性和创新性，对于资源的获取、竞争有很大的弹性，如技术改进使得他们对某些资源的获取能力提高。

2. 人力资源生态系统中资源竞争模型的建立

根据生态学中经典 Lotka-Volterra 竞争方程的构建思想，我们以改进的逻辑斯蒂方程为基础，构建人力资源生态系统中的资源竞争模型如下：

因两个个体在个体性格特征、处事方式、学习能力及其他素养方面有差别，所以竞争系数 α、β 和资源获取量 K1、K2 数值均不相同。两个个体之间的竞争结果，正是由它们的竞争系数和资源获取量的比值来确定的。另外，个体的自我学习创新能力可以扩大其 K 值，从而影响竞争结果。两个个体竞争的结果可能有下列六种情况。

（1）个体 A 取胜，个体 B 被排斥（或转行）。这是一种常见的竞争结果。当 $\alpha < K1/K2$ 和 $\beta > K2/K1$ 时，或 $1/K2 > \alpha/K1$ 和 $1/K1 < \beta/K2$，个体 A 占优势，$dN1/dx > dN2/dx$。

（2）个体 B 取胜，个体 A 被排斥（或转行）。这也是常见的竞争结局。当 $\alpha > K1/K2$ 和 $\beta < K2/K1$ 时，或 $1/K1 > \beta/K2$ 和 $1/K2 < \alpha/K1$，个体 B 占优势，$dN1/dxt < dN2/dx$。

此类情况如：某企业实行竞争上岗制度，员工甲和员工乙共同竞争人力资源专员这一职位，甲是大专毕业，但在这个公司做了三年，而乙是本地大学毕业，在这个公司工作了半年，刚过了实习期。此时，两人的竞争系数相差不大，但是甲的可获取资源数比乙大（在此公司的工作经验和人脉），或者说两人可获取资源数量比的差异大于两人的竞争系数。最终将会是甲胜出，获得这一岗位，而乙将被迫选择其他岗位或公司。

（3）个体 A 和个体 B 共存。当 $\alpha < K1/K2$ 和 $\beta < K2/K1$ 时，或 $1/K1 > \beta/K2$ 和 $1/K2 > \alpha/K1$，个体 A 和个体 B 处于平衡稳定状态，达到共存，其中 $dN1/dx=0=dN2/dx$。

（4）两个个体都有可能获胜。当 $\alpha > K1/K2$ 和 $\beta > K2/K1$，或 $1/K1 < \beta/K2$ 和 $1/K2 < \alpha/K1$，个体 A 和个体 B 出现不平衡，$dN1/dx$ 不一定等于 $dN2/dx$。两个个体除了占有共同的生态位外，还各自向不重叠的生态位发展。因为生态位是多维的，这样使得两个类似（1）类型个体间的竞争现象减少。

（5）个体 B 反败为胜，在（1）的情况下，B 在一段时间内经过高效学习积累，使得其 K 值突变，达到另一高度，从而转变成（2）的情况，将自己的劣势局面扭转为优势局面。

（6）个体 A 反败为胜，在（2）的情况下，A 在一段时间内经过高效学习积累，使得其 K 值突变，达到另一高度，从而转变成（1）的情况，将自己的劣势局面扭转为优势局面。

此类情况仍以员工甲和乙竞争上岗为例。一开始甲的综合条件优于乙，但是由于甲只是大专毕业，年纪也偏大，自我学习创新能力远远不如刚大学毕业、学习精力充足的乙。经过一段时间以后，由于乙的自我学习创新积累，扩大了 K 的上限，竞争系数也随之提高，从而彻底改变了竞争局面。

以上六种情况在两种特殊的条件下，分别转化为相应条件下的经典 Lotka–Volterra 竞争方程及 Malthus 方程。具体说来，在 d k/d x → 0，即竞争所处的环境资源非常贫乏，并非个人能力提高就可以改善的情况下，这种竞争方程就转化为 Lotka–Volterra 竞争方程，如中国大学生竞争就业机会；当 d k/d x → 1，即竞争所处的环境资源极大丰富或者条件非常适宜，这种竞争方程转化为没有竞争作用的 Malthus 方程（两个竞争个体所获取资源均按 Malthus 方程增长），如高校学生对知识资源的竞争。

基于改进的 Logistic 方程的人力资源竞争模型，为我们研究不同人力资源之间的竞争状态提供了一种可以量化的分析框架。不同竞争系数水平会带来不同的协同发展路径。通过确定不同人力资源之间的相对竞争系数和资源获取量，我们可以通过模型对双方的竞争状态和发展趋势进行理论上的预测，为制定相关的人力资源政策提供理论依据。此外，我们的模型揭示了资源获取量和相对竞争水平的均衡关系，在两者具有特定的函数关系情况下（如上述六种情况所示），不同人力资源之间有可能实现"共赢"，即双方竞争现象减少、共同获胜的结局。这对制定促进和谐、化解系统内部竞争的人力资源策略具有较强的现实意义。最后，从这个竞争模型我们可以看出，由于人的自我学习和创新能力，因此即使一开始个体的综合素质不高（α、β、K 都处于较低水平），但经过多方面努力，经验知识和人脉等积累到一定程度，K 的上限会被扩大，同时自己与他人的竞争情况也会发生质的转变。可见，一个人的自我努力学习积累往往成为最终决定成功的关键。

人力资源生态系统中的资源竞争是我们研究的焦点。生态学中经典的 Lotka–Volterra 竞争方程是经典单种群增长的 Logistic 方程在种间竞争上的直接推广。但是，Lotka-Volterra 竞争方程的建立缺乏可靠的理论依据；它的模型基础——单种群增长的 Logistic 方程被应用于更加复杂多变的人力资源生态系统时，存在的严重问题就暴露出来。尽管如此，Logistic 模型为深入研究竞争基础的生态学理论提供了良好的开端，也为我们研究人力资源生态系统的资源竞争提供了良好的基本思路。

在人力资源生态系统中，可从资源弹性比较大的角度出发，对逻辑斯蒂方程进行适当改进，使其更适合人力资源生态系统的资源竞争中广泛和复杂的竞争行为，并对其行为和结果给予一个符合人力资源生态基本原理的解释。

但是，人力资源生态系统的复杂多变性及人的能动性经常会对周围环境造成巨大的影响，使得 K 值难测且多变。另外，对初始值的赋值没有预定的标准，竞争系数的测算也涉及对个体能力的比较，所以对其量化需要根据所处情况而定。

第五节　人力资源生态系统健康

一、生态系统健康

（一）生态系统健康提出的背景

早在 20 世纪初就有不少科学家预言全球环境将恶化，进而对人类的生存产生潜在的威胁。在随后的社会发展过程中，虽然有的国家、组织、单位及个人为解决环境问题做出了大量的努力，但不幸的是，许多潜在的威胁已经变成了事实，尤其是人口过剩、资源短缺、环境污染、生物多样性减少、土地退化和气候变化已对人类和地球的可持续发展产生了恶劣影响，地球自然的生命支撑系统受到了严重的干扰和破坏，自然生态系统对人类和环境的服务功能大大减弱。人们开始重视人类生存的持续性问题，随即出现了"公众健康学"（Public Health Science）和"环境健康学"（Environment Health Science）。科学家们在检讨这些问题时发现，以前关于生态系统管理的理论与方法已明显落后，不能指导解决这些问题，要针对生态系统已不健康的事实，把人类活动、社会组织、自然系统及人类健康等社会、生态和经济问题进行整合研究，系统地研究生态系统在胁迫条件下产生的不健康的症状和机理。生态系统健康（ecosystem health）正是在这样的背景下产生的。

（二）生态系统健康的概念和内涵

生态系统健康是生态系统的综合特性，它具有活力、稳定和自调节的能力。也就是说，若一个生态系统的生物群落在功能结构上与理论上所描述的相似或相近，那么它就是健康的，否则就是不健康的。一个病态的生态系统往往是处于趋于衰退和不可逆的瓦解和崩溃过程中。

健康的生态系统具有弹性（Resilience），保持着内稳定性（Homeostasis）。系统发生变化就可能意味着健康状况的下降。如果系统中任何一种指示者的变化超过正常的幅度，系统的健康就会受到损害。

科斯坦萨是较早对生态系统健康（Ecosystem Health）进行深入研究的生态学家之一。他是从生态系统自身出发定义生态系统健康的典型代表（Costanza，1998）。他于1992年提出生态系统健康是新兴的生态系统管理学概念，是新的环境管理和生态系统管理目标，并给这个概念下了一个简明定义：如果生态系统是稳定的和可持续性的，即它是活跃的并且随时间的推移能够维持其自身组织，对外力胁迫具有抵抗力，并能够在一段时间后自动从胁迫状态恢复过来，那么，这样的系统就是健康的。生态系统健康应该由"活力"（Vigor）、"组织"（Organization）和"恢复力"（Resilience）三个方面构成。随后，他对这个概念做了进一步的归纳：健康是生态内稳定现象；健康是没有疾病；健康是多样性或复杂性；健康是稳定性或可恢复性；健康是有活力或增长的空间；健康是系统要素间的平衡。他强调，生态系统健康恰当的定义应当是上面 6 个概念结合起来（科斯坦萨，1992）。也就是说，测定生态健康应该包括系统恢复力、平衡能力、组织（多样性）和活力（新陈代谢）。从这个概念可以看出，一个健康的生态系统必须保持新陈代谢活动能力，保持内部结构和组织，对外界的压力必须有恢复力（Costanza，1998）。

拉波特最早提出了"生态系统医学"（Ecosystem Medicine）的概念，旨在将生态系统作为一个整体进行评估。在 1989 年，他首次论述了生态系统健康的内涵。他认为，生态系统健康的定义可以根据人类健康的定义类推而来。他曾经用以下术语来强调生态健康与人类医学的相似性，即为自然号脉、监测自然疾病、临床生态学（Rapport，1989），进而提出生态系统健康（Ecosystem Health）是指一个生态系统所具有的稳定性和可持续性，即在时间上具有维持其组织结构、自我调节和对胁迫的恢复能力（Rapport，1989）。他把生态系统健康的概念进一步总结为"以符合适宜的目标为标准来定义的一个生态系统的状态、条件或表现"，即生态系统健康应该包含两方面内涵：满足人类社会合理要求的能力和生态系统本身自我维持与更新的能力（拉波特，1999）。

二、人力资源生态系统健康的内涵

生态系统健康的研究成果，已被广泛应用到产业生态系统、商业生态系统健康评价中。借鉴生态系统健康的理念和研究成果，探讨人力资源生态系统健康的内涵，对实施人力资源生态系统健康评价和管理具有重要意义。

（一）其他生态系统健康性的相关概念

1. 产业生态系统健康的定义

在综合国内外学者对生态系统健康概念的理解下，应将产业生态系统看作一个社会—经济—自然复合生态系统，所以对产业生态系统健康的表述为：产业生态系统健康是指产业生态系统在保障正常的生态服务功能、满足人类需要的同时，维持自身持续向前发展的能力和状态。一个健康的产业生态系统应该是稳定的、可持续的、有活力的，能够随时间保持其自身的组织力和自主性，在胁迫下易于恢复。

2. 商业生态系统健康的定义

结合商业生态系统的特点，商业生态系统健康是指能高效地将原材料转变为有生命的有机体，面对环境的干扰与冲击，能持久地生存下去，并能随着时间的推移创造出新的有价值的功能。

（二）人力资源生态系统健康的概念

关于生态系统健康的概念，许多学者分别从不同的角度对其进行了界定和阐述。在综合国内外学者对生态系统健康概念的理解下，我们将人力资源生态系统健康定义为：系统具有良好的企业内外部生态环境、合理的人力资源结构、有效通畅的功能流、完善的运作机制和内在防御机制、良好的适应能力和学习能力，能够不断挖掘自身的潜力，快速应对系统内外部生态环境的变化，持续地为外界提供有价值的产品或服务，保持系统的稳定性和可持续发展。一个健康的人力资源生态系统应该是稳定的、可持续的、有活力的，并能够随时间保持其自身的组织力和自主性，并且在胁迫下易于恢复。上述定义强调了维持人力资源生态系统自身进程及其为组织服务的功能。一个健康的人力资源生态系统，不仅能保障其正常的生态服务功能，满足组织功能需要，还具有维持自身持续向前发展的能力。

人力资源生态系统健康是人力资源生态系统管理的一个新方法，也是人力资源生态系统管理的新目标。人力资源生态系统健康研究的目的，就是揭示人力资源生态系统持续性发展的规律，揭示胁迫下的人力资源生态系统的负荷能力和恢复能力与健康的关系。

三、人力资源生态系统健康评价

（一）人力资源生态系统健康评价的范畴

人力资源生态系统是一个社会—经济—自然复合生态系统，所以必须建立包括社会、经济和人类健康指标在内的指标体系，对大量复杂信息进行综合。健康的人力资源生态系统必须是合乎人性的、经济上可行的、系统可持续发展的，并且能够提供合乎社会和人类需求服务功能的系统。对人力资源生态系统健康的综合评价，一般从以下三个方面入手：生态学范畴、经济范畴、社会伦理范畴。这三个方面综合在一起构成一个完整的体系。

1. 生态学范畴

生态学对宏观、区域人力资源生态系统健康研究有重要作用。比如，全球人力资源生态系统研究必须考虑男女比例问题、生育问题和人类生存环境恶化等重大问题。对企业人力资源生态系统健康进行分析，性别比例、年龄结构等问题有时候也必须关注，如纺织企业女工过多、矿山企业女工过少等也影响到生态系统健康。

2. 经济范畴

社会和经济的发展终究是为了人类自身的发展，经济社会中的组织，（如企业）其人力资源生态系统必定本身就有重要的经济功能，系统必须有足够的抗干扰和自我恢复能力，以保证其功能的实现，完成其组织系统经济目标。所以，从经济角度评价人力资源生态系统健康具有重要的现实意义。

3. 社会伦理范畴

人力资源生态系统的主体是人，人具有社会性和伦理性。人力资源生态系统必须从社会伦理范畴评价其健康状况。系统首先必须是合乎人伦，有利于人类持续繁衍和发展的。

（二）人力资源生态系统健康评价的思路

人力资源生态系统健康的合理评价需从定性和定量两方面展开；定性研究主要是解决评价健康的初级指标，建立评价指标体系；而定量研究主要是通过数据的收集，从量化角度引进一些评价方法，提出评判标准的次级指标，并通过相应模型的数据处理，判断某个人力资源生态系统的健康状况。

1. 人力资源生态系统健康评价指标体系的建立

首先，应该结合定性和定量分析方法建立人力资源生态系统健康评价指标体系。定性分析主要是参照学术界普遍认同的衡量一般生态系统健康的 8 个标准，分别是生态系统的活力、组织结构、恢复力、生态系统服务功能的维持、管理选择、外部输入减少、对邻近系统的影响及对人类健康的影响等。在分析人力资源生态系统特征的基础上，采取合理、科学的研究方法，如访谈、问卷等质性研究方法，提出适合评价人力资源生态系统健康的定性分析标准，建立初级评价指标体系。

其次，需要对这些指标之间的相关关系进行研究。应注意评价模型的有效性和可控性，尽量减小分析量，筛选出能把握人力资源生态系统健康的主要因素；操作过程要特别注意如何科学地量化各指标的权重及减少主观性，从而避免最终结果的较大误差。

最后，通过原始变量的线性组合，把多个原始指标减少为有代表意义的少数几个指标，以使原始指标能更集中、更典型地表明研究对象特征。对选定的初级指标体系进行筛选，合并那些带有重复信息的指标，最终形成一套全面性的、相互独立的、代表性强的、可测量的指标体系。

2. 人力资源生态系统健康评价模型的构建方法

在人力资源生态系统健康指标评价方法中，引入多元统计的综合评价模型进行统计计算，并得出综合评价值。硬指标通过数据采集得出，而软指标采用德尔菲（Delphi）法、专家访谈法取得。这一方法的优点在于，它用精练的数学模型将"健康"这一抽象指标具体化为数字描述的定量评价或排序。我们拟采用一个对经济系统（行业、若干个或一组样本企业）的评价和排序的通用模型进行评价。该模型具有广泛的适用性，具体模型如下：

其中，Y 为"健康指数"，即总评分；x_j 为单项指标实际值；z_j 为单项指标目标值（行业标准值、最大值、平均值）；r_j 是单项指标在该层次下的权重；W_i 是子系统权重；j 是各子系统的指标；i 是评价要素（子系统）；m 是评价要素（子系统）的个数；k 是子系统的指标个数。如果将 z_j 设为单项指标的标准值（平均值），将样本人力资源生态系统的某一指标值与该指标标准值相比，可知样本系统与标准值的差距和位置：X_j/Z_w。分析样本系统的数据及所收集的其他样本系统的数据，可以寻找出某一系统与其他系统相比的不足，在客观上起到"人力资源生态系统健康诊断、评价"的作用。

上述人力资源生态系统健康的评价方法需做大量长时间的实地调研研究。虽然生态系统健康评价模型会起到一定的借鉴作用，但具体的人力资源生态系统健康评价模型、研究思路还需进一步修正，为以后研究人力资源生态系统健康提供好的思路。

第四章　人力资源招聘

第一节　人力资源招聘概述

一、人力资源招聘基本概念

（一）人力资源招聘的含义

人力资源招聘是建立在两项工作基础之上的：一是组织的人力资源规划；二是工作分析。人力资源规划确定了组织招聘职位的类型和数量，而工作分析使管理者了解什么样的人应该被招聘进来填补这些空缺。这两项工作使招聘能够建立在比较科学的基础之上。

人力资源招聘，简称招聘，是"招募"与"聘用"的总称，是指在总体发展规划的指导下，根据人力资源规划和工作分析的数量与质量要求，制订相应的职位空缺计划，并通过信息发布和科学甄选，以合格人员填补职位空缺的过程。招募与聘用之间夹着甄选的过程。

（二）人力资源招聘的意义

人力资源招聘在人力资源管理中占据十分重要的位置，它的意义具体表现在以下几个方面。

1. 招聘是组织补充人力资源的基本途径

组织的人力资源状况处于变化之中，组织内人力资源向社会的流动、组织内部的人事变动（如升迁、降职、退休、解雇、死亡、离职等）等多种因素，导致了组织人员的变动。同时，组织有自己的发展目标与规划，组织成长过程也是人力资源拥有量的扩张过程。上述情况意味着组织的人力资源总是处于稀缺状态，需要经常补充。因此，通过市场获取所需人力资源成为组织的一项经常性任务，人力资源招聘也就成了组织补充人员的基本途径。

2. 招聘有助于提高组织的竞争优势

现在的市场竞争归根结底是人才的竞争。一个组织拥有什么样的人力资源，就在一定意义上决定了它在激烈的市场竞争中处于何种地位——是立于不败之地，还是最终面临被淘汰的命运。而对人才的获取是通过人才招聘这一环节来实现的。因此，招聘工作能否有效地完成，对提高组织的竞争力、绩效及实现发展目标，均有至关重要的影响。从这个角度说，人力资源招聘是组织创造竞争优势的基础环节。对于获取某些实现组织发展目标急需的紧缺人才来说，招聘更具有特殊的意义。

3. 招聘有助于组织形象的传播

研究结果显示，招聘过程的质量会明显影响应聘者对组织的看法。许多经验表明，人力资源招聘既是吸引、招募人才的过程，又是向外界宣传组织形象、扩大组织影响力和知名度的一个窗口。应聘者可以通过招聘过程来了解企业的组织结构、经营理念、管理特色、组织文化等。尽管人力资源招聘不是以传播组织形象为目的，但招聘过程客观上具有这样的功能，这是组织不可忽视的一个方面。

4. 招聘有助于组织文化的建设

招聘过程中信息传递的真实与否，直接影响着应聘者进入组织以后的流动性，有效的招聘既能使组织得到所需人员，同时也为人员的保持打下基础，有助于减少由于人员流动过于频繁而带来的损失，并有助于营造组织内的良好气氛，如能增强组织的凝聚力，提高士气，增强员工对组织的忠诚度等。

（三）人力资源招聘的影响因素

招聘活动的实施往往受到多种因素的影响，为了保证招聘工作的效果，在规划招聘活动之前，应对这些因素进行综合分析。归纳起来，影响招聘活动的因素主要有外部影响因素和内部影响因素两大类。

1. 外部影响因素

国家的法律法规。国家和地方的有关法律、法规和政策，是约束组织招聘行为的重要因素，从客观上界定了组织招聘活动的外部边界。例如，一些国家的法律规定，招聘信息中不能涉及性别、种族和年龄的特殊要求，除非能证明这些是职位所必需的。我国在人力资源方面的法律体系尚不健全。1994 年通过的《中华人民共和国劳动法》是我国劳动立法史上的一个里程碑。以《中华人民共和国劳动法》为准绳，我国已经颁布了一系列与招聘有关的法律、法规、条例、规定和政策，包括《女职工禁忌劳动范围的规定》《就业服务与就业管理规定》《未成年工特殊保护规定》等。

劳动力市场。由于招聘特别是外部招聘，主要是在外部劳动力市场进行的，因此市场的供求状况会影响招聘的效果，当劳动力市场的供给小于需求时，组织吸引人员就会比较困难；相反，当劳动力市场的供给大于需求时，组织吸引人员就会比较容易。在分析外部劳动力市场的影响时，一般要针对具体的职位层次或职位类别来进行，例如当技术工人的市场比较紧张时，组织招聘这类人员就比较困难，往往要投入大量的人力、物力。

竞争对手。在招聘活动中，竞争对手也是非常重要的一个影响因素。应聘者往往是在进行比较之后才做出决策的，如果组织的招聘条件和竞争对手存在差距，那么就会影响组织的吸引力，从而影响招聘的结果。因此，在招聘过程中，取得优势是非常重要的。

2. 内部影响因素

职位性质。空缺职位的性质决定了招聘什么样的人以及到哪个相关劳动力市场进行招聘。另外，它还可以让应聘者了解该职位的基本情况和任职资格，便于应聘者进行求职决策。

组织形象。一般来说，组织在社会中的形象越好，越有利于招聘活动。良好的组织形象会对应聘者产生积极的影响，引起他们对组织空缺职位的兴趣，从而有助于提高招聘的效果。如青岛海尔、联想集团等一些形象良好的企业，往往是大学生毕业后择业的首选。而组织的形象又取决于多种因素，如组织的发展趋势、薪酬待遇、工作机会以及组织文化等。

招聘预算。由于招聘活动必须支出一定的资金，因此组织的招聘预算对招聘活动有着重要的影响。充足的招聘资金可以使组织选择更多的招聘方法，扩大招聘的范围，如可以花大量的费用来进行广告宣传，选择的媒体也可以是影响力比较大的；相反，有限的招聘资金会使组织进行招聘时的选择大大减少，这会对招聘效果产生不利的影响。

招聘政策。组织的相关政策对招聘活动有直接的影响，组织在进行招聘时一般有内部招聘和外部招聘两个渠道，至于选择哪个渠道来填补空缺职位，往往取决于组织的政策。有些组织可能倾向于外部招聘，而有些组织则倾向于内部招聘。在外部招聘中，组织的政策也会影响到招聘来源，有些组织愿意在学校进行招聘，而有些组织更愿意在社会上进行招聘。

第二节　人力资源招聘过程管理

人力资源是企业最重要的资源，招聘是企业与潜在的员工接触的第一步，人们通过招聘环节了解企业，并最终决定是否为它服务。从企业的角度看，只有对招聘环节进行有效的设计和良好的管理，才能得到高水平的员工。但是，如果高素质的员工不知道企业的人力需求信息，或者虽然知道但是对这一信息不感兴趣，那么企业就没有机会选择这些有价值的员工。有效的招聘方法要取决于劳动力市场、工作空缺的类型和组织的特征等多种因素，但是不管怎样，以下四个问题是人力资源部门在制定招聘策略时必须牢记的：第一，开展招聘工作的目标；第二，需要招到怎样的员工；第三，需要工作申请人接收到什么样的信息；第四，这些信息怎样才能最好地传达给工作申请人。

招聘和选拔员工，是企事业组织最重要也最困难的工作之一。员工招聘和选拔出现错误，对组织会产生极其不好的影响。生产线上的员工如果不符合标准，就可能需要花费额外的精力去进行修正。而与客户打交道的员工如果缺乏技巧，就可能使企业丧失商业机会。在小组中工作的人缺乏人际交往技能，就会打乱整个团队的工作节奏，影响产出效率。招聘的错误，还关系到企事业组织员工队伍的构成。员工的等级越高，其招聘和选拔就越难。要想估计一个一般工人的价值，几天甚至几个小时就够了；但是如果要评判一个工段长的价值，有时需要几周甚至几个月的时间；要想评判一个大企业管理者的价值，则要几年时间才能确切地做出评价。因此，在招聘和选拔高层管理人才方面，一定不能出现失误。

在当今知识经济发展的新格局下，人才资源在企事业发展中的重要地位越来越突出。而人才资源的形成基础是平时对人力资源的招聘和选拔。人才对组织的发展来说是至关重要的。

一、招聘的制约因素

招聘的成功取决于多种因素，如外部影响、企事业职务的需求、应聘者个人的目标与偏好等。有许多外部因素对企事业招聘决策有影响。外部因素主要可以分为两类：一是经济条件，一是政府管理与法律的监控。

有许多经济因素影响招聘决策,这些因素是人口和劳动力、劳动力市场条件和服务市场条件。

二、招聘对象的选择

组织在进行招聘的过程中,工作申请人与组织第一次接触。在对组织了解甚少的情况下,申请人会根据组织在招聘活动中的表现来推断组织其他方面的情况。因此,招聘人员的选择是一项非常关键的人力资源管理决策。

一般来说,招聘组成员除了包括组织人力资源部门的代表以外,还包括直线经理人等。申请人会将招聘组作为组织的一个窗口,由此判断组织的特征。因此,招聘组成员的表现将直接影响到申请人是否愿意接受组织提供的工作岗位。那么,这些"窗口人员"什么样的表现能够增加申请人的求职意愿呢?有研究显示,招聘人员的个人风度是否优雅、知识是否丰富、办事作风是否干练等因素都直接影响着申请人对组织的感受和评价。

三、招聘收益金字塔

招聘从企业获得应聘信函开始,经过笔试、面试等各个筛选环节,最后才能决定正式录用或试用的人选。在这一过程中,应征者的人数变得越来越少。这里所谓的招聘收益指的是经过招聘过程中的各个环节筛选后留下的应聘者的数量,留下的数量大,招聘收益大;反之则招聘收益小。企业中的工作岗位可以划分为许多种,在招聘过程中针对每种岗位空缺所需要付出的努力程度是有差别的。为招聘到某种岗位上足够数量的合格员工应该付出多大的努力,可以根据过去的经验数据来确定,招聘收益金字塔就是这样一种经验分析工具。

在确定工作申请资格时，组织有不同的策略可以选择。一种策略是把申请资格设定得比较高，符合标准的申请人就比较少，企业便可以花费比较多的时间和金钱来仔细挑选最好的员工。另一种策略是把申请资格设定得比较低，于是符合标准的申请人就比较多。这时组织有比较充分的选择余地，招聘的成本会比较低。一般而言，如果组织招聘的工作岗位对于组织而言至关重要，员工水平是第一位的，就应该采取第一种策略。如果劳动力市场供给形势比较紧张，组织也缺乏足够的招聘费用，同时招聘的工作对于组织不是十分重要，就应该采取第二种策略。

在招募新员工时，组织面临的问题是如何在众多的工作申请人中挑选出合格的有工作热情的应聘者。特别是在我国现阶段，就业形势严峻，劳动力过剩将是一个长期存在的现象。那些经营业绩出众的大公司，在招聘中面对的将是申请人众多的情况。组织的招聘是一个过滤器，它决定了什么样的员工能成为组织的一员。一个理想的录用过程的重要特征是被录用的人数相对于最初申请者的人数少得多。这种大浪淘沙式的录用可以保证录用到能力比较强的员工。而且能力强的员工在接受培训后的生产率提高幅度将高于能力差的员工经过相同的培训后的生产率提高幅度。

四、真实工作预览

在招聘过程中，公司总是会使用各种办法来吸引工作申请人。公司常用的方法包括展示工作环境、职业前景、技能训练、住房优惠贷款和工作的挑战性等。但是需要指出的是，公司在想方设法吸引外部人才加盟时，不能顾此失彼，导致新员工与原有的员工之间的不公平。企业在吸引工作申请人时，公司不应该只展现公司好的一面，同时也应该让申请人了解公司不好的一面，以便使申请人对组织的真实情况有一个全面的了解。

真实工作预览的优点是：第一，展示真实的未来工作情景，可以使工作申请人首先进行一次自我筛选，判断自己与这家公司的要求是否匹配。另外，还可以进一步决定自己可以申请哪些职位。第二，真实工作预览可以使工作申请人清楚什么是可以在这个组织中期望的，什么是不可以期望的。这样，一旦他们加入组织，就不会产生强烈的失望感，而是会增加工作满意程度、投入程度和长期服务的可能性。第三，这些真实的未来工作情景可以使工作申请人及早做好思想准备，一旦日后的工作中出现困难，他们也不会回避难题，而是积极设法解决难题。第四，公司向工作申请人全面展示未来的工作情景，会使工作申请人感到组织是真诚的、可以信赖的。

公司在准备实际工作预览的内容时，应该注意以下五个方面。

第一，真实性。

第二，详细程度。公司不应该仅仅只给出公司的总体特征这样一些宽泛的信息，还应该对诸如日常的工作环境等细节问题给出详细的介绍。

第三，内容的全面性。公司应该对员工的晋升机会、工作过程中的监控程度和各个部门的情况逐一介绍。

第四，可信度。

第五，工作申请人关心的要点。公司的有些方面是申请人可以从公开渠道了解的，因此这不应该成为真实工作预览的重点。真实工作预览应该着重说明那些申请人关心的但是又很难从其他渠道获得的信息。

五、招募过程管理与招聘周期

企业的招募工作很容易出现失误，而且一旦招募过程出现失误就可能损害组织的声誉，为此应该遵循以下原则。

第一，申请书和个人简历必须按照规定的时间递交给招聘部门，以免丢失。

第二，每个申请人在招聘过程中的某些重要活动（如来公司见面），必须按时记录。

第三，组织应该及时对申请者的工作申请做出书面答复，否则会给申请人造成该组织工作不力或傲慢的印象。

第四，申请人和雇主关于工作条件的讨论应该以公布的招聘规定为依据，并及时记录。如果同一个申请人在不同的时间或不同的部门得到的待遇相差很大，必然会出现混乱。

第五，没有接受组织雇佣的申请者的有关材料应该保存一段时间。

企业招聘周期的长度要受到许多因素的影响。首先，不同的工作岗位填补空缺的需求有所不同；劳动力市场的发达程度不同，组织的招聘周期也不一样；此外，组织人力资源计划的质量对招聘周期也有影响。一般而言，组织中空缺持续的时间既反映了聘请新员工的难度，也反映了组织招聘和选择过程的效率。

第三节　招聘渠道的类别及其选择

企业首先要确定自己的目标劳动力市场及其招聘收益的水平，然后选择最有效的招聘策略。招聘策略包括负责招聘的人员、招聘的来源和招聘方法三个主要方面。在设计外部招聘策略时，可以根据以下步骤：第一，对组织总体的环境进行研究。这需要对组织的发展方向进行分析，然后进行工作分析。第二，在此基础上推断组织所需要的人力类型。这需要考虑员工的技术知识、工作技能、交际能力、员工的需要、价值观念等各个方面。第三，设计信息沟通的方式，使组织和应聘者双方能够彼此更好地了解，为此，需要对员工的认知能力、工作动力和人际关系能力进行测试，开展真实工作预览。本节重点讨论企业招聘中的渠道选择策略。

一、内部应聘者

实际上，企业中绝大多数工作岗位的空缺是由公司的现有员工填充的，因此公司内部是最大的招聘来源。在企业运用内部补充机制时，通常要在公司内部张贴工作告示，其内容包括工作说明书和薪酬情况，说明工作岗位的性质、任职资格、工作时间和待遇标准等。这样做的目的是让企业现有员工有机会将自己的技能、工作兴趣、资格、经验和职业目标与工作岗位进行比较。工作告示是最常使用的吸引内部申请人的方法，特别适用于非主管级别的职位。在这一过程中，人力资源部门必须承担全部的书面工作，以确保遴选出最好的申请人。

内部补充机制有很多优点：第一，得到升迁的员工会认为自己的才干得到组织的承认，因此积极性和绩效都会提高；第二，内部员工比较了解组织的情况，为胜任新的工作岗位所需要的指导和训练会比较少，离职的可能性也比较小；第三，提拔内部员工可以提高所有员工对组织的忠诚度，使他们在制定管理决策时，能做比较长远的考虑；第四，上级对内部员工的能力比较了解，因此，提拔内部员工比较保险。

但是内部补充机制也有缺点：第一，那些没有得到提拔的应征者会不满，因此需要做解释和鼓励的工作；第二，很多公司的老板都要求经理张贴工作告示，并面试所有的内部应聘者，然而经理往往早有中意人选，这就使面试浪费很多时间；第四，如果组织已经有了内部补充的惯例，当组织急需从外部招聘人才时，就可能会遇到现有员工的抵制，损害员工工作的积极性。

长期以来，尽管人们很想知道哪一种员工来源最可能创造好的工作绩效，但是现有的研究还无法精确地回答到底哪种工作应该采用哪种招聘来源。不过一般而言，内部来源的员工比外部来源的员工离职率要低，长期工作的可能性要大一些。当然，在内部补充机制不能满足企业对人员的需求时，就需要考虑在企业的外部劳动力市场进行招聘。

二、招聘广告

招聘广告是补充各种工作岗位都可以使用的招聘方法，因此应用最为普遍。阅读这些广告的有潜在的工作申请人，以及客户和一般大众，所以公司的招聘广告代表着公司的形象，需要认真实施。

企业使用广告作为招聘工具有很多优点。第一，信息发布迅速。第二，同许多其他招聘方式相比，广告的成本比较低。第三，在广告中可以同时发布多种类别工作岗位的招聘信息。第四，广告发布方式可以给企业保留许多操作上的优势，这体现在企业可以要求应聘者在特定的时间段内向企业的人力资源部门邮寄自己的简历。此外，企业还可以利用广告渠道来发布"遮蔽广告"。遮蔽广告指的是在招聘广告中不出现招聘企业名称的广告，这种广告通常要求申请人将自己的求职信和简历寄到一个特定的信箱。

发布招聘广告时要注意两点。第一，媒体的选择。广告媒体的选择取决于招聘工作岗位的类型。一般来说，低层次职位可以选择地方性报纸，高层次或专业化程度高的职位则要选择全国性或专业性的报刊。第二，广告的结构。广告的结构要遵循"AIDA"原则，即注意（attention）、兴趣（interesting）、欲望（desire）和行动（action）。换言之，好的招聘广告要能够引起应聘者的注意并使其产生兴趣，继而产生应聘的欲望并采取实际的应聘行动。在招聘广告的内容方面，美国学者戈登（J.Gordon）、威尔逊（P.Wilson）和斯旺（H.Swann）在1982年通过对报纸读者的调查来了解企业招聘广告中各种信息的必要性。

企业的招聘广告应该为本企业塑造一个正面的形象，同时提供有关工作岗位的详细信息，以使那些潜在的申请人能够将工作岗位的需要同自己的兴趣进行比照。这不仅适用于企业在外部劳动力市场进行招聘，也适用于企业在内部劳动力市场的招聘工作。

三、职业介绍机构

改革开放以来，我国已经出现了许多职业介绍机构。公立职业介绍机构主要为蓝领服务，有时还兼管失业救济金的发放。私立职业介绍机构主要为高级专业人才服务，要收取一定的服务费，费用可以由求职者付费，也可以由雇主付费，这往往要取决于劳动力市场的供求状况。但是实际上由雇主付费的情况居多。

职业介绍机构的作用是帮助雇主选拔人员，节省雇主的时间，特别是在企业没有设立人事部门或者需要立即填补空缺时，可以借助于职业介绍机构。但是，如果需要长期借助职业介绍机构，就应该把工作说明书和有关要求告知职业介绍机构，并委派专人同几家职业介绍机构保持稳定的联系。

四、猎头公司

猎头公司是一种与职业介绍机构类似的就业中介机构，但是由于它特殊的运作方式和服务对象的特殊性，经常被看作是一种独立的招聘渠道。一个被人们广泛接受的看法是，猎头公司是一种专门为雇主"搜捕"和推荐高级主管人员和高级技术人员的公司。猎头公司的联系面很广，而且它特别擅长接触那些正在工作并对更换工作还没有积极性的人。它可以帮助公司节省很多招聘和选拔高级主管等专门人才的时间。但是，猎头公司的费用要由用人单位支付而且费用很高，一般为所推荐人才年薪的 1/4 到 1/3。

无论是借助猎头公司寻找人才的企业还是被猎头公司推荐的个人，都需要注意许多问题。使用猎头公司的企业需要注意的是，第一，必须首先向猎头公司说明自己需要哪种人才及其理由。第二，了解猎头公司开展人才搜索工作的范围。美国猎头公司协会规定，猎头公司在替客户推荐人才后的两年内，不能再为另一个客户把这位人才挖走。所以，在一定时期内，猎头公司只能在逐渐缩小的范围内搜索人才。第三，了解猎头公司直接负责指派任务的人员的能力。第四，事先确定服务费用的水平和支付方式。第五，选择值得信任的人。这是因为猎头公司为企业搜索人才时不仅会了解企业的长处，还要了解企业的短处，所以一定要选择一个能够保密的人。第六，向这家猎头公司以前的客户了解其服务的真实效果。

五、校园招聘

大学校园是企业招聘的重要场所。公司在设计校园招聘活动时，需要考虑学校的选择问题。在选择学校时，组织需要根据自己的财务水平和所需要的员工类型来进行决策。如果财务比较紧张，组织可能只在当地的学校中来选择；而实力雄厚的组织通常在全国范围内进行选择。

校园招聘的缺点是费钱费时，需要事先安排时间，印制宣传品，还要做面谈记录。

大学毕业生在选择面试的公司时主要考虑的问题是公司在行业中的名气、公司提供的发展机会和公司的整体发展潜力等因素。一般而言，受商业周期对劳动力供求形势影响最明显的大学毕业生，在商业周期走向高涨期间，他们是最大的受益者；而在商业周期走向衰退期间，他们是最大的受害者。因此，大学生应该重视招聘环节对就业机会的影响，要想方设法给招聘者留下一个深刻的印象。

六、员工推荐与申请人自荐

过去，许多公司严格限制家庭成员在一起工作，以避免过于紧密的个人关系会危害人事决策的公正性。不过，现在已经有很多公司逐渐认识到，通过员工推荐的方法雇用新员工有很多好处。这种方式既可以节省招聘人才的广告费和付给职业介绍机构的费用，还可以得到忠诚而可靠的员工。但如果员工推荐的工作申请人的特征与组织的要求不匹配，不仅会影响自己在企业中的地位，也将危害到自己和被推荐者之间的关系。

七、临时性雇员

随着市场竞争的加剧，企业面临的市场需求常常会发生波动，而且企业还要应对经济周期的上升和下降。在这种情况下，企业往往需要在保持比较低的人工成本的同时，使企业的运营具有很高的适应性和灵活性。为此，企业可以把关键员工数量限制在最低的水平上，同时建立临时员工计划。

这种计划可以有四种选择。第一种，内部临时工储备。企业可以专门向外部进行招聘，也可以把以前曾经雇用过的员工作为储备。第二种，通过中介机构临时雇用。企业可以同那些管理劳动力储备的中介就业服务机构签订合同，临时性地使用这些人力。第三种，利用自由职业者，如与自由撰稿人和担当顾问的专家签订短期服务合同。第四种，短期雇用，即在业务繁忙的时期或者特定的项目进行期间招聘一些短期服务人员。临时性雇员计划的缺点是：第一，增加招聘的成本；第二，增加培训成本；第三，产品的质量稳定性下降；第四，需要管理人员加强对临时性员工的激励。

八、招聘来源的比较

组织在进行招聘时必须使潜在的工作申请人知道存在的工作机会。在现实的招聘实践中，组织有多种招聘来源可以选择，而组织具体选择哪种招聘方式在很大程度上取决于组织的传统和过去的经验。原则上，组织所选择的招聘渠道应该能够保证组织以合理的成本吸引到足够数量的高质量的工作申请人。美国人力资源管理学界的一个主流看法是，招聘专业人员最有效的三个途径依次是员工推荐、广告和职业介绍机构。招聘管理人员的三个最有效途径依次是员工推荐、猎头公司和广告。

不同招聘渠道的员工的工作前景可能具有不同的特征。一项研究表明，通过员工推荐进入组织的员工通常不会在很短的时间内离职。其原因可能有以下三个方面：第一是推荐者已经事先向被推荐者详细介绍了组织的情况；第二是被推荐者已经通过推荐者了解了组织的需要；还有研究表明，被推荐进入组织的员工在开始时获得的报酬水平比较高，但是在随后的晋级中，薪酬增加得比较缓慢。其原因可能是开始时组织对被推荐者的工作水平比较相信，但是随后的表现说明开始时对他们的评价存在着高估的现象。

第四节 应聘者的求职过程

在企业的招聘过程中，工作申请人的行为对企业招聘工作的成败具有重要的影响。而且现代人力资源管理非常重视员工的工作质量，因此对工作申请人本身的考察也就构成了人力资源管理的重要内容。

一、应聘者求职方法

在申请人寻找工作的过程中，他们首先要确定自己的目标职业，然后再选择设置这种职业的组织。经济学家的观点是人们在自己的职业选择中遵循的原则是自己终生收入的现值最大化，但是实际上影响个人职业选择的因素有很多，其中包括父母的职业、个人的教育背景、经济结构调整对劳动力市场产生的约束和引导等。在这一点上，组织也并不是完全无能为力。有些组织在大学、中学甚至小学中设立奖学金或奖教金，目的是加强在读的学生对组织所在行业的认识和兴趣。在开始求职以前，对于行业的选择缩小了工作申请人选择目标组织的范围。

以大学生的求职方式为例，在求职过程中，毕业生所采用的标准可以划分为以下几种类型：第一种，最大化标准。这种大学生尽可能多地参加面试，得到尽可能多的录用通知，然后再根据自己设定的标准理性地选择工作。第二种，满意标准，大学生接受他们得到的第一个工作机会，并认为各个公司之间没有什么实质性的差别。第三种，有效标准。这种大学生在得到一个自己可以接受的工作机会后再争取下一个机会，然后在这两者之间进行比较，并选择其中比较满意的一个。

有人把大学生求职的方法划分为补偿性方法和非补偿性方法。所谓的补偿性方法是指大学生对获得的每一个工作机会都收集全面的信息，然后根据自己设定的所有重要标准把每个可以选择的工作机会与所有其他的工作机会进行比较，在某些标准方面价值比较低的工作机会可能在其他方面具有比较高的价值，最后大学生将选择一个总体价值最大的工作机会。但是，由于人们的时间、耐心和精力都是有限的，因此实际上人们很少这样理性地来选择工作，而是采用所谓的"有限理性"原则来处理这一问题。有限理性原则是指人们采用一些简化的策略。具体方法是首先把那些在薪水、工作地点等关键标准方面没有达到自己要求的工作机会排除，然后在剩下的比较少的工作机会中通过全面的比较来进行选择。组织了解求职者的求职方式对于设计招聘活动是非常必要的。

二、准备简历

1. 简历的内容

工作申请人需要准备一份合适的简历。由于简历是申请人给公司的第一印象，所以一定要体现出专业、简练和出众的特征，需要结构平衡、讲究文法、结构清晰。简历一般要包括以下几个方面：

（1）身份，说明申请人的姓名、地址和电话号码等。

（2）申请人的职业抱负或前程目标。

（3）教育背景，包括与所申请的工作密切相关的学习课程。

（4）工作经历，列举与所申请的工作相关的部分工作经历。

（5）参加过的团体和活动。

（6）与所申请的工作有关的兴趣和爱好。

（7）发表过的论文或文章。

（8）推荐人。

2. 求职信

在向目标组织递交简历的同时一般应该有一封求职信。在准备求职信时应该注意以下几个方面。

（1）虽然在申请工作时可能要向多家公司递交申请，但是每封求职信都必须分别打印，绝对不能用复印件。在现代印刷技术已经非常普及的今天，有时一份手写的求职信会有意想不到的效果。

（2）尽可能不把求职信寄送给某个部门，而是应该寄送给某个具体的人。如果有重要的人物鼓励你申请这个工作，最好在经过他的同意之后在求职信中提及他的名字。

（3）求职信要简明扼要，篇幅限定在一页纸之内，陈述自己对所申请职位的兴趣，说明求职优势，请求得到一个面试的机会。

第五节　招聘面试方法

一、心理测验方法

面试工作在整个招聘过程中的地位与作用日渐突出，应该借助于多种选择手段来公平、客观地进行正确的决策。因此，在长期的人力资源招聘工作实践中，发展了许多种实用的面试测验方法，具体包括智能测验法、知识测验法、品行测验法以及评价中心法、个人信息法、背景检验法等。当前使用最广泛、最主要的甄选方法是心理测验法、面试法及评价中心法。为了对心理测验有个较为全面的理解，下面拟从心理测验的发展、定义、形式、特点等方面做简单介绍。

（一）心理测验定义

从心理测验的起源与发展可知，心理测验产生于对个别差异鉴别的需要，广泛应用于教育、企事业人才的挑选与评价。在这一过程中，人们编制了许许多多的心理测验。其中比较有影响的心理测验，有比奈—西蒙智力测验（1905—1911）、斯坦福比奈儿童智力测验（1916）、罗夏（Rorschach，1921）墨迹测验、默里与摩根的主题统觉测验（TAT）、明尼苏达多相个性测验（MMPI）、艾森克人格测验（EPQ）、卡特尔16因素测验、皮亚杰（Piaget）故事测验、科尔伯格（Kohlberg）两难故事测验、雷斯特（J.Rest）检测等。分析这些较为典型的心理测验后，我们发现所有的心理测验定义中，阿纳斯塔西（Anastasi）所下定义比较确切：心理测验实质上是行为样组的客观的和标准化的测量。

（二）测验的种类与形式

依据不同的标准，心理测验可以划分出不同的类别。

根据测验的具体对象，可以将心理测验划分为认知测验与人格测验。认知测验测评的是认知行为，而人格测验测评的是社会行为。

认知测验又可以按其具体的测验对象分为成就测验、智力测验及能力倾向测验。成就测验主要测评人的知识与技能，是对认知活动结果的测评；智力测验主要测评认知活动中较为稳定的行为特征，是对认知过程或认知活动的整体测评；能力倾向测验是对人的认知潜在能力的测评，是对认知活动的深层次测评。

人格测验按其具体的对象，可以分为态度、兴趣与道德（包括性格）测验。

根据测验的目的，可以将心理测验划分为描述性、预测性、诊断咨询、挑选性、配置性、计戴性、研究性等形式。

根据测验的材料特点，可以将心理测验划分为文字性测验与非文字性测验。文字性测验即以文字表述测验内容，被试者用文字作答。典型的文字测验即纸笔测验。非文字性测验，包括图形辨认、图形排列、实物操作等方式。

根据测验的质量要求，有标准化测验与非标准化测验。

根据测验的实施对象，有个别测验与团体测验。

根据测验中是否有时间限制，有速度测验、难度测验、最佳行为测验、典型行为测验。

根据测验应用的具体领域，有教育测验、职业测验、临床测验、研究性测验。

心理测验形式与心理测验的类别是有所不同的。心理测验的形式，是指测验的表现形式，包括刺激与反应两个方面。划分的标准不同，形式也就各异。

按测验目的与意图表现的程度划分，有结构明确的问卷法与结构不明确的投射法。后者所表现的刺激为意义不明确的各种图形、墨迹、词语，让被测者在不受限制的情境下，自由地做出反应，从而分析反应结果来推断测验的结果；前者所表现的则为一系列具体明确的问题，它们从不同方面来了解被试者的素质情况，要求被试者按实际情况作答。如果从问卷调查的具体对象来看，有自陈量表与非自陈量表。

根据测验时被试者反应的自由性来看，有限制反应型与自由反应型。投射测验属于自由反应型，而强迫选择属于限制反应型。按测验作答结果的评定形式，有主观型与客观型之分。从作答方式来看，有纸笔测验、口头测验、操作测验、文字测验与图形、符号、实践等测验形式。从测验反应场所来看，有一般测验、情境测验及观察评定测验。一般测验是对被试者在行为样组上反应的测评；情境测验是对被试者在模拟情境中反应的测评；观察评定测验，是对被试者在日常实际情况下行为表现的测评。

二、面试方法

（一）面试的概念与内容

1.面试的概念

面试，可以说是一种经过精心设计，在特定场景下，以面对面的交谈与观察为主要手段，由表及里测评应试者有关素质的一种方式。

在这里，"精心设计"的特点使它与一般性的面谈、交谈、谈话相区别。面谈与交谈，强调的只是面对面的直接接触形式与情感沟通的效果，并非经过精心设计。"在特定场景下"的特点，使它与日常的观察、考察测评方式相区别：日常的观察、考察，虽然也少不了面对面的谈话与观察，但那是在自然情景下进行的。"以面对面的交谈与观察为主要手段，由表及里测评"的特点，不但突出了面试"问""听""察""觉""析""判"的综合性特色，而且使面试与一般的口试、笔试、操作演示、情景模拟、访问调查等人才素质测评的形式区别开来。口试强调的只是口头语言的测评方式及特点，而面试还包括对非口头语言、行为的综合分析、推理及直觉判断。"有关素质"说明了面试的功能并非是万能的，在一次面试当中，不要面面俱到，去测评人的一切素质，要有选择地针对其中一些必要素质进行测评。

2. 面试的内容

（1）仪表风度：应聘者的体格状态、穿着举止、精神风貌。

（2）求职的动机与工作期望：判断本单位提供的职位和工作条件是否能满足其要求。

（3）专业知识与特长：从专业的角度了解其特长及知识的深度与广度。

（4）工作经验：应聘者以往的经历及其责任感、思维能力、工作能力等。

（5）工作态度：应聘者过去的工作业绩及其对所谋职业的态度。

（6）事业心、进取心：事业的进取精神、开拓精神。

（7）语言表达能力：口头表达的准确性。

（8）综合分析能力：分析问题的条理性、深度。

（9）反应能力：思维的敏捷性。

（10）自控能力：理智与耐心。

（11）人际关系：社交中的角色。

（12）精力与活力：精、气、神的表现。

（13）兴趣与爱好：知识面与喜好。

（二）**面试的特点**

与其他人才素质测评的方式相比，面试有其相对独特之处。

1. 对象的单一性

面试的方式有个别面试与集体面试两种。在集体面试中，几个考生可以同时坐在考场之中，但主考官不是同时分别考不同的考生，而是逐个提问、逐个测评。即使在面试中引入辩论、讨论，评委们也是逐个提问逐个观察的。

2. 内容的灵活性

由于单位时间内面试对象是单一的，因此面试的具体内容可以自由调节。面试的问题虽然事先可以设计一番，准备很多很多的试题，但绝不是向所有考生都提同样的问题，按统一的步骤与内容进行。实际上面试的问题可多可少，视所获得的信息是否足够而定；同一问题可深可浅，视主考官的需要而定；所提的问题可异可同，视应试者情况与面试要求而定。因此面试的时间可长可短。但就目前一般情况来看，面试时间大约 30 分钟，一般提 10 个问题。

面试内容的灵活变化也是必要的。首先，面试内容因工作岗位不同而无法固定，岗位不同，工作性质、职责以及任职资格与要求也就不同；其次，应试者的经历、背景不尽相同，因而所提问题及回答要求就应该有所区别；再次，同一个问题，每个考生回答的方式与内容不尽相同，主考官后续的提问就应该针对应试者回答的情况变化而变化。

3. 信息的复合性

与测验、量表等测评方式不同，面试对任何信息的确认，都不是通过单一的视（眼）、听（耳）、想（脑）等信息通道进行，而是通过主考官对应试者的问（口）、察（眼与脑）、听（耳）、析（脑）、觉（第六感）综合进行的。也就是说，对于同一素质的测评，既注意收集它的语言形式信息，又注意收集它的非语言形式信息，这种信息复合性增强了面试的可信度。

4. 交流的直接互动性

与笔试、观察评定不同，面试中应试者的回答及行为表现，与主考官的评判是相连接的，中间没有任何中介转换形式。面试中主考官与应试者的接触、交谈、观察也是相互的，是面对面进行的。主客体之间的信息交流与反馈也是相互作用的。而笔试与观察评定却对命题人、评分人严加保密，不让被试者知道。

5.判断的直觉性

其他测评大多数是理性的逻辑判断与事实判断，面试的判断却带有一种直觉性。它不是仅仅依赖于主考官严谨的逻辑推理与辩证思维，也往往包括很大的印象性、情感性及第六感特点。

（三）面试的功能作用

任何一种测评方法只有当它具有某种特殊的功能作用时，才有存在的价值。面试与其他素质测评方法相比，有以下几点功用。

1.可以有效地避免高分低能者或冒名顶替者入选

一般来说，笔试是严谨的，成绩高者其能力也高。但是，由于目前笔试方式操作的局限性，考试中高分低能者、冒名顶替者在所难免。有的人笔试成绩虽然很高，但面试时却言语木讷，对所提问题的回答见识浅薄，观点幼稚；有的则表现出只能背书，分析问题和解决问题的能力很差；有的则是冒名顶替者，一问三不知。

2.可以弥补笔试的失误

测验或问卷等笔试，有的人因紧张等原因没有发挥好，如果仅以笔试成绩为录用依据，那么这些人就没有机会被录用了。如果再采用面试形式，则这些人可以有机会再次表现自己。有些人虽然笔试成绩不算很高，但面试对答如流，能力很强，显示出很大的发展潜力，从而成为理想的人选。

3.可以考查笔试中难以测评到的内容

笔试以文字为媒介来测评人的素质水平，即以文观人。有些内在素质是文字无法表现的，例如仪表、风度、口头表达能力、反应快慢等。

有些素质虽然可以通过文字形式来表现，但因为应试者的掩饰行为或某种困惑而无法表达，因此可以通过面试来测评。

4. 可以考查一个人的知识、能力、经验及品德

由于面试是一种主考官与应试者间的互动可控的测评方式，测评的主动权主要掌控在主考官手里，测评要深即深，要浅即浅，要专即专，要广即广，具有很强的灵活性、调节性与针对性。而笔试、情景模拟与观察评定均不如面试。

5. 可以测评个体的任何素质

只要时间充裕，设计精细，手段适当，面试可以测评个体的任何素质。由此可以建立一套测评身体健康程度的指标，测评身体素质。

三、评价中心技术

评价中心技术简称评价中心，对许多人来说，还是一个陌生名词。评价中心是什么，有哪些形式，起源于何时，有什么特点，诸如此类的问题，下文将进行解答。

（一）历史溯源

评价中心技术被认为是现代人才素质测评的一种新方法，起源于德国心理学家 1929 年所建立的一套用于挑选军官的多项评价程序。其中一项是对领导才能的测评，测评的方法是让被试者参加指挥一组士兵，他必须完成一些任务或者向士兵们解释一个问题。在此基础上，评价员再对他的面部表情、讲话形式和笔迹进行观察。

（二）测评技术

评价中心技术综合运用了各种测评技术。它的主要特点是使用情景性的测验方法对被试者的特定行为进行观察和评价。这种方法通常将被试者置于一个模拟的工作情境中，采用多种评价技术，观察和评价被试者在这种模拟工作情境中的心理和行为。因此，这种方法有时被称为情境模拟法。评价中心技术的活动形式主要有公文处理、小组讨论、管理游戏、角色扮

演、个人演说等，然后根据所给的材料撰写报告、案例分析等。

1. 公文处理

公文处理是以书面材料的形式提供给被试者若干需要解决的问题以及相关的背景资料，让其在较短的时间内进行处理，以考查其分析问题及解决问题的能力的一种评价方法。公文处理可以有效地测试被试者利用信息的能力、系统思维的能力以及决策能力，具有较高的可信度及有效度。

2. 小组讨论

小组讨论是给被测试的小组一个待解决的问题，由他们展开讨论以解决问题，评价者则通过对该过程的观察来对被试者的人际交往能力，在群体里分析、解决问题的能力以及领导能力等进行评价。小组讨论有多种形式，如无领导小组讨论、有领导小组讨论、不指定角色小组讨论、指定角色小组讨论等。

3. 管理游戏

管理游戏是指设计一定的情景，分给被试小组一定的任务由他们共同完成，如购买、搬运等，或者在几个小组之间进行模拟竞争，以评价被试者的合作精神、领导能力、计划能力、决策能力等的一种评价方法。管理游戏一般具有较强的趣味性，但设计的工作量大。

4. 角色扮演

角色扮演是在一个精心设计的情景中，让被试者扮演其中的角色以评价其能力的模拟活动。要提高评价的准确性，情景的设计是关键，情景中的人际矛盾与冲突必须具有一定的复杂程度，使得被试者只能按其习惯方式采取行动，从而降低伪装的可能性。

5. 个人演说

通过让被试者就指定的题目发表演讲来评价其沟通技能和号召力。

(三) 其他测评技术

人力资源测评方法除以上几种外，在组织中应用较多的还有观察评定法、申请表法、民意测验法、履历分析法等。

1. 观察评定法

观察评定法是借助一定的量表，在观察的基础上对人的素质进行评价的一种测评活动。观察评定具有以下几种基本类型：日常观察评定、现场观察评定、间接观察评定等。其优点是客观、方便；缺点是可控性差，观察结果难以记录及处理。

2. 申请表法

申请表法是通过分析求职者在申请表上所提供的信息，对其素质进行判断、预测的一种测评方法。申请表法是素质测评中最常用的方法之一。对于求职量特别大的组织来说，该方法可以提高筛选的效率。

3. 民意测验法

民意测验对敬业精神、合作意识、工作态度、领导方式等素质项目的测评具有较好的效果。主要原因是上述素质要素在其他测评方法中易于伪装，民意测验法则能有效地消除伪装的影响。

4. 履历分析法

履历分析法是指根据档案记载的事实，了解一个人的成长历程和工作业绩，从而对其素质状况进行推测的一种评价方法。该方法可靠性高，成本低，但也存在档案记载不详而无法全面深入了解的弊端。

第五章　绩效管理

第一节　绩效管理的变革与创新

绩效管理是企业人力资源管理的重要组成部分，肩负着企业日常工作的顺利运行，激励着员工奋发图强。随着社会的不断发展和进步，绩效管理也随着企业发展模式、经营模式的改变而变化。传统的财务指标性考核发展得更为全面化和系统化，在这些变化过程中，战略性绩效管理、适应性绩效管理等专业术语开始出现在我们的视野当中。本章通过对绩效管理现状进行分析和探索，从而寻找进行绩效管理的变革方法和可创新之处。

伴随着社会的不断发展和进步，越来越多的高科技出现在我们的视野中，很多的管理理念也随之有了新变化。绩效管理在社会发展浪潮当中推陈出新，紧密联系时代的变化进行自我完善和自我创新。从宏观角度来说，绩效管理的提高一定和企业的管理理念息息相关，企业管理者能够将绩效管理的手段应用于各个部门，从而增强部门之间联系的融洽性，对于自己来说也能够提高绩效管理的效率和实用性。从细节上看，绩效管理涉及企业运行的各个环节，需要系统化的方法，从而更好地帮助企业走向现代化。

一、绩效管理的发展沿革

管理的最终目标是实现组织的绩效改善，虽然绩效管理的概念直至 20 世纪 70 年代才被明确提出，但绩效管理和绩效改善的思想却始终紧密围绕着管理学的发展。从绩效管理工具的角度来看，绩效管理的发展历经了一个多世纪。1900 年杜邦三兄弟提出了以财务比率金字塔为基础的杜邦分析法和投入产出分析法（ROI）概念，倡导通过考察企业的投入资源与既得收益之间的关系来评价企业绩效，明确了量化衡量绩效指标的思想。1920 年，H. 托马斯·约翰逊建议用更加多元化的财务指标来考察绩效，包括现金流量变化、资产负债率、利润率等。这种以财务数据衡量绩效的做法持续了半个世纪之久，直至 20 世纪 80 年代，T. 约翰逊首次指出单纯的财务指标无法真实反映企业发展状况，并在著作《企业的迷惑：管理会计的兴衰》中提倡增加客户指标来衡量企业绩效。

综上所述，企业经营模式经历了从产品生产为中心到营销和客户服务为中心导向的转变，为迎合这一趋势并持续改善企业经营状况，绩效管理也经历了从单纯的财务指标向客户的、全面的绩效指标的转变。

二、绩效管理的观念革新

传统的绩效管理是需要以"经济人"为基础的，伴随着社会的不断进步，绩效管理也更加全面，涉及了企业的员工、领导层等，也拥有了更加规范化的战略部署。

在传统的绩效管理模式下，领导层看重的是企业效益。同时为了控制企业的运营成本，会选择最大限度降低支出，员工的福利待遇很差。与此同时，企业员工也认为企业付给他们报酬，他们为企业工作，两者之间只是单纯的雇佣关系，一旦有更好的报酬条件的工作出现，他们会毫不犹豫地选择。针对上述这些情况，我们发现，企业只能够通过严格的规范制度去约束员工行为，希望降低企业成本。员工也只愿意做自己职责内的事情，对其他可能发生问题的情况毫不关心。而全面施展的绩效考核则能够有效解决这些问题，其在管理上能够拉近公司和员工之间的距离，更有助于企业进步和发展。

战略绩效管理观念指的是企业期望通过规范化的管理体系达到预期的管理目标，是一个独立的绩效管理系统，这个系统主要包括以下几个方面：第一，合理、科学的管理模式，一定要契合到企业的日常运营。第二，在实际管理过程中一定要严格按照绩效管理制度去进行考核，定期宣布考核结果，绩效评定的对象也必须要覆盖到企业的大部分员工和岗位，对于评定的结果也要有适当的惩罚和奖励，从而才能够更好地实现绩效考核的目标。

企业实行战略绩效评定有着以下几个方面的突出特点：首先，能够通过对企业长期战略目标的分解，逐步去实现，同时在实际运营过程中能够及时发现问题，改正问题。其次，要建立起全方位的考核体系，涉及每位员工。第三，将企业的战略目标和员工的工作联系起来，建立起权责分明的管理体制。第四，高度重视企业发展过程中的每个成果。

三、绩效管理目标革新

虽然在员工绩效考核过程中存在着很多绩效考核内容、方式的变革，但是很多都是形同虚设，在实际考核过程中并没有发挥出太大的作用。例如，有的企业领导为了调节同事之间的关系，避免出现摩擦，会选择在打分的时候给予差距不大的分数，并不能够严格按照员工的表现去进行评定，与此同时，传统的绩效管理系统需要的是员工实打实的工作业绩，这在一定程度上使得员工和老板之间关系过于紧张。因此，出于对绩效鼓励作用的考虑，可以依据员工在工作中的投入情况去进行绩效考核，分别从整体成果和个体成果、宏观成果和微观成果去进行考核。在考核的过程中注意不断调整员工对工作投入的热情，鼓励他们端正自己的工作态度，以积极的状态投入到企业工作中。其中，员工在工作中的投入是指员工的工作态度没有问题，能够尽力去完成工作任务，包括他们对工作的投入程度、工作积极性等。在传统绩效管理的基础上，我们综合了专家的建议，以员工的投入度为评判标准，鼓励员工能够更好地投入工作，从而推动企业的发展和进步。

四、绩效管理对象革新

在传统的绩效管理模式中，我们的评估对象是全体在职员工，伴随着绩效管理的推进我们将考核的对象进行了重新细分，使得考核更加准确和完善。

团队的绩效管理。团队的绩效管理更为复杂和烦琐，需要综合考虑到以下几个方面的因素：企业的外部环境、每个成员的投入程度、团队成员之间的融洽度。只有综合考虑到这三个因素才能够帮助团队形成坚不可摧的运行机制。

核心员工的绩效管理。尽管企业的核心员工在企业当中占据了很小的比例，但是却掌握着企业发展命脉，因此企业对于核心员工的绩效考核显得尤为重要。绩效管理是涉及管理者和被管理者双方的一项工作，因此，管理者一定要和核心员工建立起良好的沟通，在考核方案的制定上要多多听取他们的意见，注重公平。

高管的绩效管理。传统的绩效考核将重点放在了对于基层员工的考核上，一般这种考核都是由高层去制定和实施的。但是这种模式在运行当中出现了一个很严重的问题，很多的高层没有考核体系，使得他们往往将任务都下派给了员工，员工压力大，而领导一身轻。为了杜绝这种情况的出现，进行高层的绩效考核是极为有必要的，在这之前需要转变高层的思维，鼓励他们在员工中起到模范带头作用，更好地促进企业可持续发展和进步。

随着社会的不断发展和进步，企业的绩效管理制度也需要能够与时俱进。绩效管理需要的是系统化的体系，需要的是各个环节的配合，将整个过程都控制得很好，才能够达到预期效果。在这个过程中就需要员工、企业领导者、绩效考核制定者等多方面的共同努力，只有这样才能够更好地促进企业长远发展。

第二节　知识团队的绩效管理

本节根据知识型团队从事创造性工作的特点，通过对绩效计划、绩效实施、绩效评价、奖励绩效等绩效管理重点内容的讨论，提出了必须采用结果导向的思维方式和通过建立绩效契约来对其进行绩效管理的观点，并以效率型指标、效益型指标、递延型指标和风险型指标作为知识团队的绩效考评依据；得出知识团队的绩效管理是一个强调发展的过程，目标之一是建立学习型组织，最终目标是建立知识团队的绩效文化，形成有激励作用的工作氛围这样一个结论。

网络信息化带来的知识更新速度超过了以往任何一个时代，知识竞争直接决定了企业未来的发展。因此，知识团队对于各单位来说，重要性不言而喻，而如何有效整合整个知识团队的凝聚力，绩效管理在其中发挥着重要作用。

一、知识团队绩效管理的前提——绩效契约的建立

知识团队的存在，必然带来管理者与队员的分工，而知识团队的特殊之处在于专业性强，而同时具备领导才能和专业知识人才难以获得的时候，往往更偏向于用略懂专业的"外行"管理者与真正的"内行"团队成员一起来组成团队。这种关系使上对下的监督转变为自我监督，从而避免管理知识员工时面临的"信息不对称"难题，因此，绩效契约就成为知识团队绩效管理的前提。

二、知识团队绩效管理过程

（一）制定团队绩效计划

知识团队的工作目标和发展目标相对比较明确，绩效计划可以围绕着这两个方向展开。

工作目标。知识团队的建立往往是任务导向型的，所以团队的工作目标往往非常明确。在此前提下，要在团队内部每个成员之间进行一系列的具体分工，责任到人。此分工过程全员参与，每个员工都对自己的工作目标非常清楚。同时，为防止具体的工作过程中出现偏差，有成效的管理人员懂得，简单的物质激励机制对雇员的作用仅能维持其达到自己的短期目标，要达成长期目标，则要根据知识员工的特点，多用强调团队整体宗旨的方法，让团队员工理解自己对于整体团队的贡献，自己的价值感，以此引起共鸣。

发展目标。团队工作目标的实现，是员工具体行为一步步落实的结果，因此，员工的工作行为表现应该保证主要团队工作目标的实现。强调发展目标既可满足组织发展需要，也可为员工个人赢得利益。在制定发展目标

时特别要注意以下几个方面：第一，重视员工个人发展目标；第二，员工有权利和有责任决定自己的发展目标；第三，单位提供的培训和发展活动应支持所确定的工作目标的实现；第四，选择的培训和发展活动应符合员工学习的风格。

（二）绩效实施过程中的指导

辅导和咨询。辅导和咨询是一个改善团队胜任特征（行为）和技能的过程。进行辅导和咨询要达成的主要目的是：第一，帮助团队随时了解个人和团队整体工作进展情况如何，确定双方的目标是否出现偏差；第二，使工作过程变成一个学习过程。辅导要避免无效，让员工个人和团队整体都得到成长和进步。

进展回顾。工作目标和发展目标的实现对组织的成功至关重要，应定期对其进行监测。因此，工作每进行到一个阶段，必须要全体队员坐下来进行一个详细深度的沟通，对工作的进展情况要有回顾和总结。管理者应扮演"积极的倾听者"的角色，同时要能够起到沟通协调的作用，包括确定团队可能需要的其他帮助。团队其他专业成员之间必须要有深度的探讨，对相互之间出现的冲突进行协商和解决，如果有必要，可以调整所设定的工作目标和发展目标。

自我监控。知识团队的组织以扁平化和分散化形式居多，因此，必须鼓励团队进行自我管理，成员应该能够管理自己的绩效，而不过多地依赖领导，并根据结果调整自己的计划。

（三）绩效评价

知识团队的绩效可以用以下四类指标进行综合判断：

效益型指标。效益型指标是比较直观的绩效评价指标，也是用来判断知识团队工作成果的最直接依据。需要在此特别指出的是，由于知识团队具有成果的创造性特点，在明确知识团队的效益型指标时，要分清目标顾客的要求、需要和期望，对于知识团队的绩效契约来说，需要满足的是能够并以正式形式定义清楚的要求，而不是需要或期望。效益型指标是判断知识团队在多大程度上做了正确的事。

效率型指标。效率型指标反映团队投入和产出之间的关系。对于知识型团队来说，其创造性的特点也决定了效率性指标对其工作成效的评价非常重要。目标顾客要获得团队的成果、使其要求得到满足，只能是在合理的投入范畴之内；对团队的成员来说也同样如此。效率型指标是为了判断知识团队以什么代价将该做的事做对了。

递延型指标。如果绩效衡量仅仅是对历史结果的追溯，那么对团队的绩效管理而言就太短视了。递延型指标表明对知识团队绩效考评时，已经突破了仅仅对当下的考虑，这是一种面向未来的指标，可以为未来决策提供参考依据。

风险型指标。所谓风险型指标是指判断这些风险因子的数量和对团队成员及团队交付物的危害程度的指标。知识团队的工作成果是其向目标顾客的交付物，但由于其创造性工作的特点，其工作充满了各种不确定性。风险时时处处存在，时时面临着"做好了不一定给团队带来益处、但做差了则会给团队带来损失"的问题。

在绩效考评中，以上四个指标往往需要综合运用，来对知识团队做出比较全面的评价，一般用加权平均计分法，权数视团队的工作内容不同而进行不同的权重赋值。

（四）奖励绩效

绩效考核一旦确定开始实施，只要能够达到和超过绩效标准，都应该给予奖励。但是，由于知识团队员工对于个人获得成长非常重视，因此，奖励的方式不应仅限于物质奖励，而应多样化，可以考虑以下措施：

知识资本化。知识资本化既是一种物质型的奖励，也是对员工知识的一种尊重，常用的是管理入股、股票期权、技术入股等形式。其中，股票期权是企业最能拴住员工，特别是核心员工的有力工具。通过股票期权，企业成为"人人有份"的利益共同体，员工成为企业的主人，更得以分享企业利益，有利于激励知识团队成员对创新能力的发展，增强企业和组织的核心竞争力。

培训教育。从需要层次理论分析，知识团队成员对高层次的需要比较迫切，他们渴望自我成长、自我发展，实现自我价值。因此，结合知识团队成员自身的特点，适当给予其出国进修深造，职务晋升、专业技术研究等方面的机会，以调动他们掌握知识和技术能力的积极性和主动性。内因和外因结合起来，是提高知识团队成员知识和技术更新能力，促进自身素质提高的重要途径。

相互支持的团队氛围。良好的人际关系，使员工能在一种轻松活泼的环境里，愉快地开展工作，上下级之间的密切沟通有利于成员表达自己的意见、建议，满足员工的交流需要。成员之间的信任有利于知识团队成员进行信息交流、知识传递，实现知识共享。

参与管理。一方面，知识团队成员自主性比较强，他们不习惯接受监督、控制和指挥。知识团队成员参与管理，可以使他们感受到上级的信任和尊重，产生成就感和对企业发展的责任感。知识型员工所拥有的知识和专长是企业进行经营管理决策的主要依据，他们参与管理可以大大提高决策的科学性，避免决策失误。

优秀的团队文化。一般的团队生产产品或提供服务，优秀的团队经营人力资本，最具有竞争力的团队培育团队文化。团队文化的存在是隐性的，但其影响往往是深远而巨大的。要建立一支有活力、有凝聚力的知识团队最终要靠培育优秀的团队文化。

绩效管理的过程是一个循环发展的过程，通过不断上升式的循环，个体和组织绩效得以持续发展。知识团队的绩效管理更强调全体员工自下而上的参与，从绩效目标的制定、实行计划中的信息反馈和指导，到绩效评价、对评价结果的运用以及提出新的绩效目标等都需要团队成员的参与，需要管理者与成员双方的相互沟通。成员之间相互支持、相互鼓励，良好的沟通习惯可以大大减少冲突的产生。通过为每一个成员提供辅导和咨询、指导和培训，提高成员的个人能力，每一个成员都有主动学习，相互学习的动力，建立学习型组织。知识团队的绩效管理最终目标是建立团队的绩效文化，形成具有激励作用的工作气氛。

第六章　薪酬管理

第一节　企业薪酬管理的要点

薪酬管理作为企业重要的一部分，随着经济的不断发展，俨然已经成为时代命名下的重要课题，管理好薪酬可以增强企业员工的工作信心，激发员工工作积极性，从而提高工作效率。本节主要以薪酬管理的各个目标为基准，对企业薪酬管理的要点进行初步分析，旨在为企业发展提供一定的指导。

薪酬管理作为推动员工工作，增强企业核心力的重要因素，其管理具有重要意义。企业在薪酬管理方面应该遵循：目标管理、水平管理、体系管理、结构管理和制度管理五个准则，在实际的薪酬管理中依据该五个准则进行管理，能够起到优化企业薪酬管理的作用。

一、薪酬的目标管理

薪酬的目标管理是以人为本的管理理念，推动企业发展的主要动力是员工，因此企业要想发展就必须要满足员工的客观需求，企业应主动地站在员工的角度上思考，在进行目标管理时，可以通过访谈以及调查问卷等方式收集员工的需求，同时企业要基于员工的要求进行实际考量，实施员工的薪酬发放要求，一方面要做到不亏损企业的利益，一方面要最大化地实现员工的要求。

二、薪酬的水平管理

企业薪酬的水平管理重点是要建立起与企业内部符合市场以及员工客观能力的管理水平。笔者认为薪酬的水平管理应该根据员工绩效、能力水平等进行考核，可以建立起岗位评估体系来确定岗位薪酬水平，建立新的岗位薪酬体系。从行业环境、企业发展、员工能力、任职资格等角度，确定各个要素的权重，然后指导进行岗位的统一化评价。并且要按照评价的相关标准建立新的信息水平发放制度。另外，对于专业型和技能型的岗位薪酬要建立基于技能和能力的宽带薪酬体系，以满足特殊人才的评价需要。

三、薪酬的体系管理

薪酬体系管理是企业薪酬管理的重要形式，包括基础工资、绩效工资，还包括如何给员工提供福利、自我升值空间和就业能力的管理等。薪酬作为企业与员工共同重点关注的问题，员工希望通过自己的努力来得到薪酬的提升，而企业则希望通过调整薪酬来让员工更加努力地为企业创造效益。正是基于该发展状态，奖金应运而生，奖金作为激励员工进行价值创造的工具，是绩效考核的一种重要表现形式，企业在薪酬体系中应该建立起绩效考核体系，同时引入绩效薪酬，来完善薪酬体系的构建。需要注意的是薪酬体系考核构建时应根据个人情况以及岗位职责工作表现来决定，以此来建立起极具针对性的个性化薪酬管理体系。

四、薪酬的结构管理

企业薪酬的结构管理指的是应正确地划分合理的薪级，最好通过级别来定薪酬。因此，可以在系统上设置考核分类，如按岗位、按任务等，给予想继续留在企业的员工一个晋升的机会。同时，也可以激发在职员工想要获得更多薪酬和晋级，从而更加积极努力工作的动力。总体上要确保员工工资水平是保持持续上涨的。这样不仅可以增强薪酬的激励效应，促进公司薪酬制度与市场接轨，还可以让员工保持积极向上的工作态度。另外，员工薪酬结构管理应优化薪酬管理与改革的思路，如薪酬体系应由薪酬、奖金、福利、津贴4个部分构成，而薪酬构成的比例要按照部门经理、主管、员工等不同岗位设定不同的薪酬结构，以提升员工工作水平及动力。

五、薪酬的制度管理

薪酬制度管理包括薪酬决策的公开化和透明化两个概念，薪酬决策向所有员工的公开化和透明化是推动制度执行的重要动力，其中包括管理薪酬制度，薪酬的预算和控制体系等。制度化管理强调的是薪酬发放及薪酬设计思路上的管理，制度管理方面应该秉承的是公平的管理原则，企业内部在进行薪酬发放管理时要做到让企业内部员工高度认可，建立起员工工作水准与薪酬成正比的制度，这是一方面。另一方面，薪酬的制度化管理要与企业制度管理相互协调及对应，薪酬制度管理方面应该根据企业发展概况进行设置，制度的执行要有具有一定的弹性特征，要融合行业的发展以及公司的发展概况进行薪酬制度上的调整，充分利用薪酬杠杆调节制度，激发员工的内在活力。

良好的薪酬管理模式能够为企业发展提供源源不绝的动力，因为员工与企业最大的绑定线就是薪酬的发放，公平、公正且透明化的薪酬管理制度更是企业发展的核心，企业内部要认清楚薪酬科学化、规范化管理的重要性，从本质上激发员工的工作潜力。

第二节　企业薪酬管理制度

企业在制定薪酬制度的时候，不仅要从企业的利益出发，还要从员工的利益出发，保障员工劳动的合法权益。只有如此，企业的薪酬制度才能够促进企业的发展，并为企业招收更多的人才。

薪酬管理是企业人力资源开发的重要手段，其对于企业的经营组织具有十分重要的作用。企业可以通过科学的薪酬管理制度留住核心员工，并且提高员工的工作效率，进而提高企业的经济效益。同时，合理的薪酬管理制度能够帮助人力资源部门解决薪酬管理过程中存在的问题，提高人力资源员工的工作积极性，有利于企业的长远发展。

一、薪酬管理的意义

可以提高组织运作效率。影响企业的运行因素有很多，而薪酬管理就是其中重要的一个因素，因此，企业加强对薪酬的科学管理能够提高企业运作效率。如有的企业给某一员工的薪酬待遇已经不低，但由于企业内部薪酬差距不合理，有内部不公平的现象，最终导致员工的抵触情绪，从而降低企业组织的运作效率。所以通过研究薪酬管理，设计科学合理的薪酬体系，使员工之间有效合作，可以提高企业的整体运作效率。

可以提高员工的工作积极性。影响企业员工工作积极性的因素有很多，其中薪酬是影响员工工作积极性的最直接因素，所以，企业制度薪酬管理制度最重要的一个目的就是提高员工的劳动积极性。一套科学合理的薪酬方案能使员工有较好的内部公平感，其薪酬待遇水平具有较强的社会外部竞争性，同时又能给员工施加一定的工作压力，员工能够从中体会到多劳多得和干好干坏不一样的感觉，有积极上进的工作欲望。同时，员工希望通过出色的工作表现来获得提升或提高薪酬待遇，企业可以抓住这一点来持续保持员工的劳动积极性。

可以吸引和留住企业所需的人才。科学、合理地展开薪酬管理，不仅能够提高员工的价值，并且还能够使员工的才能发挥到最大，使员工看到自身的发展前景，通过对薪酬的合理管理可以最大限度地激励员工，从而促进企业人力资源的发展。所以，有效的薪酬管理能吸引和留住企业所需的人才，为企业发展提供有利条件，有利于促进企业的发展。

二、企业薪酬管理制度的建立原则

不以激励和惩罚为目的。企业要将激发员工工作积极性作为薪酬制定的重点，从而促进企业实现发展目标。不能为了惩罚而惩罚，更不能为激励而激励。只有做到这一点才能达到应有的效果。

奖惩要考虑企业的发展实际。企业在进行薪酬激励的奖罚措施时，不能以激励个人和小团体为目标，一定要考虑企业整体的长远发展目标。此外，还要杜绝拉帮结派和不劳而获的现象。企业如果不能够做到这些，就无法做到公平公正，不能调动员工工作积极性，更不利于企业的长远发展，也不能确保员工的切实利益。

不断创新激励方法。激励员工的手段不只有薪酬，还有荣誉、晋升、机遇、休假和外出培训等。同时企业的激励措施要适度，过多过少都不行，并适当拉开激励层次，为增强员工团队合作意识，要重视团队激励。

坚持科学有效奖惩。企业在使用惩罚措施时，需要尽可能地避免伤害员工的自尊心，防止员工产生挫折感。并且选择的惩罚措施要以纠正员工行为作为出发点，不能够为了惩罚而惩罚，更不能恶语伤人和公开批评。把员工的教育作为工作重点，对屡教不改的员工要实施惩罚措施。

三、企业做好薪酬制度管理的建议

首先，企业需要根据自身特点合理安排制度，从调动员工工作积极性方面入手，确定薪酬发放的形式和周期；其次，建立合理的发放流程，且流程中的节点和衔接应该采取书面化；最后，建立有关信息的记录、统计、核对、汇总和事后查验机制，并由具备专业知识的人员专门负责。

薪酬管理对于企业的发展具有十分重要的作用，而在当下的企业运营过程中，在薪酬管理方面多少都会存在问题，这就要求企业要有危机意识，不断完善和创新薪酬管理制度，从而促进企业可持续发展。

第三节　现代薪酬管理模式

在社会经济飞速发展的形势下，企业之间的竞争越来越激烈，传统的薪酬管理模式中存在的一些问题逐渐地暴露出来，并且其较为单一的管理模式已经很难适应现代企业的发展需求。因此，现代薪酬管理模式的选择与应用是企业发展的必然趋势。但是，现代薪酬管理模式中依然存在着一些问题有待完善，因此，各企业应该结合自身的实际情况不断地改进和完善薪酬管理模式。

薪酬管理是企业人力资源管理中的一项重点内容，科学地、合理地选择与应用现代薪酬管理模式，有利于提高企业对人才的吸引力，以此为企业储备优质的人才，并充分地调动员工的工作积极性。随着我国社会经济的不断发展，传统的薪酬管理模式越来越不能够满足现代企业飞速发展的需求。因此，必须创新薪酬管理模式，科学选择与应用适合企业发展的薪酬管理模式。

一、现代薪酬管理模式中存在的问题

随着市场经济体制的建立，无论是我国企业薪酬管理的内容，还是管理的方法都得到了较大的改进，现代薪酬管理模式的建立，管理的方法更加多样化，但是，由于传统薪酬管理模式的影响，现代薪酬管理模式中依然存在着一些问题。第一，与企业的实际发展情况脱节。随着企业的不断发展，薪酬管理制度也应该随之进行革新。然而，现阶段，我国企业所实行的现代薪酬管理制度较为单一，并未能够结合企业的发展而及时革新，存在与企业实际发展脱节的现象，致使企业的薪酬管理制度很难适用于企业的各个发展阶段；第二，薪酬制度缺乏透明性与公开性。现阶段，我国大部分的企业在支付职工薪酬的过程中通常采用保密的方式，这就致使薪酬管理模式中存在模糊不清的问题，最终造成企业内部工作人员之间相互猜疑，出现不满的情绪，严重影响着企业工作人员的向心力和凝聚力，进而影响着企业的发展和经济效益的提高；第三，缺乏科学的职位评价体系。部分企业在制定内部工作人员的薪酬待遇与工作岗位时并未充分结合工作人员的职位评价，而仅仅是凭借企业管理阶层的主观意识来进行判断和决定的，使得企业的薪酬管理制度严重失去了公平与公正性，不仅不利于企业内部工作人员积极性的充分调动，同时还不利于工作人员潜能的充分发挥。

二、现代薪酬管理模式的选择与应用策略

构建符合企业内部工作人员发展需求的评价体系。在传统的薪酬管理模式中，大部分企业由管理层全权负责，特别是企业内部工作人员的岗位设置以及薪酬待遇的评价更加体现了管理层的独权专权的问题，这将严重影响企业员工的工作积极性，从而影响企业经济效益的提高。因此，企业应该科学、合理地看待工作人员岗位和薪酬评价体系，并对其引起足够的重视，积极地构建符合工作人员发展需求的评价体系。对于企业来说，内部工作人员是提高企业经济效益的重要因素，而工作岗位和薪酬则是决定其工作努力程度的重要因素。因此，企业应该结合工作人员的实际能力、差异性以及不同的发展需求，科学地、合理地选择和应用现代薪酬管理模式，并根据这些内容构建符合其发展需求的评价体系，以此充分地调动企业工作人员的工作积极性，提高工作效率，从而提高企业的经济效益，进而促进企业更好地发展。

结合企业发展战略选择与应用现代薪酬管理模式。对于一个企业来说，发展战略是企业的核心，因此在选择与应用现代薪酬管理模式的过程中应该紧紧围绕这一核心内容。首先，应该保证企业所选择和应用的现代薪酬管理模式与企业的发展战略具有良好的匹配度，只有这样才能充分发挥现代薪酬管理模式的重要作用，推动企业的飞速发展。其次，结合企业的类型以及规模的大小选择薪酬管理模式。例如：技术类型以及创新类型的企业可以选择宽带薪酬管理模式，以此最大化地发挥薪酬管理的重要作用，进一步促进企业的发展。

增强薪酬管理模式的透明性和公平性。薪酬支付是现代薪酬管理模式中的一项重要内容。因此，企业在支付内部工作人员薪酬时，应该坚持透明、公平的原则，以此增强企业薪酬管理的透明性和公平性。在确保现代

薪酬管理制度公平性的基础上，保证薪酬发放的透明性，从而有效地避免内部工作人员因为薪酬待遇而互相猜疑，增强企业工作人员的向心力和凝聚力，进而提高企业的竞争力，促使企业在激烈的市场竞争中更好地生存与发展，充分发挥现代薪酬管理模式的重要作用。

综上所述，企业现代薪酬管理模式的科学选择和应用，不仅有利于企业工作人员工作积极性的调动，同时还有利于企业经济效益的进一步提高。但是，在现代薪酬管理模式中依然存在着一些问题有待解决，因此，企业应该积极地采取相应的策略解决这些问题，以此充分发挥现代薪酬管理模式的重要作用，促进企业发展。

第四节　知识型员工薪酬管理

随着我国市场经济的不断发展，企业数量逐步增多，而企业提高竞争优势的核心是知识型员工，其将知识在企业中应用转化为企业效益，当下知识型员工已经成为企业发展的最大助力。

在我国当今市场环境中，如果企业想要不断进步及发展，一定要凭借知识的获取、转化及应用，而对于企业来说，利用知识的方式就是引进或培养知识型员工，如何提升知识型员工的主观能动性及工作能效，成为企业急需解决的问题。薪酬管理是影响知识型员工主观能动性及工作能效最为关键的因素，对知识型员工进行有效的薪酬管理，是提升企业竞争力的重要措施。

一、知识型员工特征

知识型员工的含义。1959 年美国学者彼得·德鲁克首先提出了知识型员工的概念，并定义为"那些掌握和运用符号和概念，利用知识或信息工作的人"，随着时代的发展，其含义也被其他学者不断论述及扩展。在当下我国的市场环境中，其含义可以理解为：在企业中主要依靠脑力劳动，并利用自身的知识为企业缔造利润，不断为企业提升市场竞争力的人群。

知识型员工的个人特征。知识型员工的个人特征被很多专家及学者论述过，结合当下时代特点及大量参考依据，可以概括为以下四个方面：一是极强的自主性。知识型员工都具有较强的职业素养，对企业中其他人员的依赖性不强，大部分工作能够独立完成，自主性极强。另外，知识型员工一般作为企业的中高层，企业中权限较高，并希望能够在工作中有着充分的主事权，排斥在工作中有着过多的管控，认为处处掣肘会降低其工作效率；二是主动学习能力强。知识了解得越多就会越知道自己的无知，这是科学界普遍认可的一句话，知识型员工在工作中因需要不断深入使用知识，势必会碰到困难及压力，并且其自身也因为知识的不断应用有着强烈的求知欲望；三是强烈的自我实现需求。人生五大需求的最高需求就是自我实现，而知识型员工对自我实现有着强烈需求，其在工作过程中，不仅仅是为了工资，往往更加看重工作能给其带来的认可、尊重及自我实现的满足感；四是流动性较强。知识型员工因其稀缺性及专业知识技能，使得市场上企业对其认可度较高，往往其能够得到很多企业的青睐，提升了知识型员工的就业自主性，使其流动性较强。

知识型员工工作特征。一是工作管控性不强。知识型员工的工作内容大部分是创建性的，没有先例可循，在工作进行时往往没有固定的流程，并且工作流程会随着客观事实的变化而变化，在工作中有着很强的变化性。另外知识型员工创新性较强，往往在工作过程中使用创新性手段，所以对其工作管控较难；二是工作结果考核界定困难。知识型员工的工作内容往往具有前瞻性及抽象性，这就使其工作结果具有滞后性，且其工作中使用的创新及创意性方法，企业无先例可循，需要一定反应时间，这就使企业无法当下做出合理的绩效考核结果。另外，知识型员工在企业中，其工作内容往往需要多部门协调配合，企业大量部门的参与，使得最终结果是团队共同完成的，很难界定个人工作对整个事项的推动作用，使得知识型员工个人考评结果无法有效衡量。

二、企业中知识型员工薪酬管理问题分析

知识型员工薪酬特点。第一，多劳多得。在企业中，需要让知识型员工得到的报酬与其对企业产生的效能成正比，这样能够提升其主观能动性及工作效率，使其能够为企业做出更多的贡献。

第二，差异性。知识型员工在企业中往往具有较高的薪酬，但是薪酬如何得到，薪酬需要界定在什么水平，都需要按照其在工作中所体现的结果及效能来进行界定。所以，企业必须建立合理有效的绩效考评制度，这样知识型员工可以根据其不同的绩效考评结果，获得不同水平的薪酬，使薪酬具有差异性，从而激励其工作热情及工作动力，使得其能力水平在企业中通过差异性薪酬得到体现。

第三，战略导向。企业对知识型员工的薪酬管理不能只是依靠近一两年的企业业绩，大部分知识型员工都具有长远的目标，对于短期利益而言，其更看重企业战略导向及长远发展，所以在薪酬管理方面，必须将其个人利益与企业未来战略导向相结合，实现企业战略导向目标与个人价值目标同步，使知识型员工具有极强的企业向心力，避免在发展过程中人员的流失。

第四，市场化特点。我国市场化水平逐步提升，市场信息因为网络而变得透明，企业在设计知识型员工薪酬水平时，必须考虑到该区域的市场平均薪酬。如果企业制定的薪酬低于市场均酬，那么势必会造成企业人才流失，如果薪酬高于市场均酬，企业就会负担更多的人力成本，降低企业

效益。

知识型员工薪酬管理的问题分析。当下我国大部分企业已经充分认识到知识型员工的核心价值，建立了与之相应的薪酬管理制度，其中效果最为明显的就是薪酬激励制度，但是在部分企业中，由于其使用传统的薪酬管理方式，降低了对知识型员工激励的效果，将会出现下述四个问题。

薪酬满意度较低。传统薪酬模式的构成包含：岗位工资、绩效奖金、岗位补贴、企业福利等组成，其中岗位工资往往占比在 70% 以上，薪酬水平的高低与个人在企业中的层级有着直接关系，这就使得薪酬变化范围较小，层级越高薪酬越高。在企业中并不是所有的知识型员工都处在高层级，甚至相当一部分属于基层员工，这就使得其薪酬水平较低，且在基层知识型员工为企业效益产生较大贡献时，也无法得到匹配的薪酬，长此以往必然引发员工的不满情绪。按照相关数据调查显示，固定工资对员工的激励作用只有三个月，过后员工就会将工资认为是自己应得的，既然薪酬固定，那么员工在不满情绪影响下，势必只做必需性工作，这样不仅使得员工的主观能动性下降，同时使得企业发展受到阻碍，甚至导致企业人才流失，对企业来讲是极大损失。

岗位缺乏价值评估。大部分企业的薪酬体系，没有对各个岗位进行合理的价值评估，只是按照层级或职能进行薪酬规划。企业需要对各个职能岗位进行深度剖析，明晰各个岗位职能，并对岗位提出任职要求，比如任职人员的学历、职业技能等级等，进一步提升岗位价值的合理性及科学性，并使企业传统岗位筹划变更为科学的岗位价值体系，建立按照岗位价值来给付薪资的制度，使员工能力及价值得到认可及充分体现。

薪酬制度缺乏差异性。当下大部分企业都有工资总额受限的问题，在有限的工资总额内对每一位员工进行积极引导，是企业急需解决的问题。传统方式下，企业给员工加工资容易，但一旦减少工资则非常困难，使得真正为企业带来效益的员工无法得到合理报酬。部分企业平均主义严重，干多干少都是同一薪资，使得努力积极的员工及知识型员工主观能动性下降，阻碍企业良性健康发展。

无法使员工受到长期激励，知识型员工流失严重。按照有关部门统计，当下我国三十五岁以下的知识型员工，跳槽期限为 2 ~ 3 年，甚至有 20% 的人员每年都跳槽，企业没有对知识型员工进行有效的长期激励，或者激励效果不好，使得员工在一定周期内流失，造成这种现象的根源就是企业对知识型员工的绩效考评制度有着较大的缺陷。

三、知识型员工薪酬管理技术规划

通过上述内容可以发现，知识型员工与其他员工存在差异，其所需求的认可度更高，传统的薪酬管理无法满足知识型员工的需求，必须建立符合知识型员工的薪酬管理制度，满足其薪酬需求及精神需求。

（一）外在薪酬规划

使用宽带薪酬模式作为基本的薪酬规划。宽带薪酬的优势是企业内部从高到低的级别减少，而同一级别的职能级别增加，体现员工在相同层级的不同岗位价值，其利用减少企业层级差异，突破了现有薪酬体系固定岗位工资的难题，使员工更加注重自我能力的提升，体现企业对员工的长效激励及自我激励的个体绩效文化，提升了员工的主观能动性及工作积极性。此外宽带薪酬注重团队合作，减少企业内部不良竞争的问题，确保企业形成积极正向的企业文化。

选择式福利制度。企业进行内部调研，对知识型员工的需求做出规划，将企业福利按照知识型员工需求设立，并将所有福利内容全部设计出来，让员工在不超过个人福利总值的范围内任意选择。福利的多少取决于员工的贡献，另外部分福利还要限制达到某种绩效条件才可以选择。员工的自主能力得到全面提升，进一步增加了其对企业的向心力，适合员工自身的福利能够有效激发员工效率。

股票期权激励制度。股票期权是指根据员工贡献，企业承诺其可以在未来购买企业部分股票的权利，这种激励制度因为其长期效力，被大部分企业所认可，实行该制度能够对知识型员工形成长期的激励作用，有效减少企业人才流失。

（二）内在薪酬规划

职业发展规划。企业按照知识型员工的不同能力及爱好，按照企业发展战略，对员工进行职业发展规划，当企业帮助员工成功规划好职业发展方向后，员工能够看到自己未来的职业道路，提升其对企业的认可度及忠诚度。

建立企业内部共享、互助文化。对知识型员工，建立弹性自主的工作环境，建立高效良性沟通平台，建立和谐的人际氛围，使员工进行良性竞争，从而达到竞和的状态。对员工充分爱护关怀，可以定期举办生日会，在重大节日为员工父母及本人送祝福，帮助员工达成职业愿景，这样能够有效提升员工忠诚度，减少人才流失，帮助企业良性发展。

增加知识型员工的工作参与度。知识型员工大都思想开阔，对自我成就的需求性强，当企业让其参与到各项与之匹配的工作中来，能够提升其对企业的认可度，强化向心力，使其才能得到施展。可以建立企业电子信箱，使员工的合理建议能够得到有效沟通，关注员工的意见，并对提出有效建议的员工给予奖励。企业管理层与员工共同制定发展目标，使知识型员工认可目标规划，并能够使发展目标有的放矢。

综上所述，通过上述对知识型员工薪酬管理制度的建立，使其能够得到有效激励，提升知识型员工的主观能动性及企业向心力，使企业提高竞争优势，得到可持续发展。

第五节　企业薪酬管理公平性

薪酬管理作为企业人力资源管理的重要内容，关系着企业整体的发展。而企业薪酬管理的公平性不仅对企业员工具有极大的激励作用，同时它也是企业管理的重要表现形式。

薪酬管理制度，尤其是薪酬管理的公平性，可以成为企业激励员工的主要手段，也是促进员工积极工作的主要驱动力，不仅能够有效提高员工的工作积极性和工作效率，同时还可以通过员工的努力工作为企业带来更多的效益，让企业得到持续的发展。

企业薪酬管理的公平性主要体现在以下几个方面：一是体现在薪酬管理的过程，尤其是企业员工薪酬的流程，以及分配方式与分配标准的公平性方面。企业必须通过透明开放的薪酬管理制度，让员工能够参与到企业的薪酬管理过程中，并且能够与企业员工交流沟通，采纳员工的建议，让薪酬管理制度符合员工的意愿。二是企业薪酬管理结果的公平性，它是企业员工根据企业的薪酬制度，对自己所获得的劳动报酬满意度的一个评价，它体现了企业薪酬结果的公平性。三是企业管理信息的公平性，主要是企业管理者，尤其是人力资源领导能够为企业员工提供较为透明和开放的、详细的薪酬管理制度，并且通过这些制度与信息加强与员工之间的交流沟通，从而促进企业在薪酬管理制度方面的信息更加公平和透明开放。

一、企业薪酬管理公平性的影响

首先，企业的薪酬管理制度的公平性对企业绩效管理制度有着一定的影响。企业绩效管理制度与员工的切身利益密切相关，而企业薪酬管理的公平性，在很大程度上能够提高员工的工作效率，它是员工工作的有效支撑。提高和促进企业薪酬管理的公平性，从另一方面来说，它也是提高企业员工工作积极性的手段，可以说企业薪酬管理的主要影响因素就是员工的绩效工资制度，以及员工的满意度。企业必须通过制定出能够符合员工认可的薪酬管理制度，来激发员工的工作积极性，从而促进员工为企业创造出更多的价值。企业应该加强薪酬管理制度公平性的建设，促进和提高员工的工作积极性与满意程度，为企业的健康与可持续发展奠定基础。

其次，企业薪酬管理制度的公平性对企业员工的工作态度有着直接的影响。企业员工的工作态度直接受到企业薪酬管理制度公平性的影响，因此企业应该加强薪酬制度的公平性建设，尤其是要保证员工能够在工作中保持积极良好的工作状态。比如，可以通过设计员工薪酬满意度的测量表，来获取员工对企业薪酬管理制度的评价，它可以在一定程度上反映企业员工对薪酬的满意程度。如果薪酬管理的公平性无法体现，员工的工作态度会直接受到影响，使得员工消极怠慢，无法主动按时地完成工作，从而致使企业的经济效益受到影响。因此，企业薪酬管理制度必须通过公平性来提高员工工作的积极性和工作的效率。

二、企业薪酬管理公平性的主要策略

公平的薪酬管理制度不仅要考虑企业内部的各个因素，同时还应该考虑该企业与市场其他同行业的竞争因素，在薪酬制定的过程中，应该着重考虑这几个方面。

一是薪酬管理制度应该与绩效评估保持一致。企业人力资源在制定薪酬管理制度过程中，应该考虑绩效评估的标准，确保绩效评估的全面性、准确性以及合理性，并且在此基础上全面衡量员工的绩效，建立客观公正的薪酬管理制度。

二是企业必须充分地尊重员工，并且通过与员工的沟通来建立公平的薪酬管理制度。薪酬管理制度直接关系到员工的切身利益，对企业来说，薪酬管理制度也是非常重要的管理内容，因此，企业在制定薪酬管理的过程中，必须要充分尊重企业员工，及时与员工沟通，让员工能够将自己的真实意愿表达出来，确保薪酬制度的公平性。而员工对企业工作人员，尤其是管理层的信任则是员工表达自己真实想法的基础，它也是员工判断薪酬公平性的主要影响因素。比如，公司做出了使员工不满意的做法，如果能够及时地向员工做出合理的解释，也能够稳定员工的情绪，并且得到员工的理解。

三是企业薪酬管理制度必须赋予员工参与的权利，这是企业薪酬管理公平性的决定因素。企业如果能够赋予员工参与薪酬分配制度的权利，并且允许员工充分表达自己的真实想法，则可以增强员工的归属感，并且更加积极努力地为企业创造更多的利益。这就要求企业领导层要对员工关于薪酬管理制度的意见采取尊重和重视，在做出薪酬管理制度的决策之前，必须要允许员工表达自己的看法，这在很大程度上能够提高薪酬管理制度的公平性，并且会提高员工对薪酬管理制度的满意程度。

企业的薪酬管理制度公平性对员工的绩效、工作态度以及工作效率有着直接的影响，而员工的工作直接关系着企业的经济效益与可持续性发展，因此，企业必须根据实际情况，建立公平透明的薪酬管理制度，避免人才的流失，提高员工对企业的认同与归属感，促进企业更好地发展。

第六节　薪酬管理与职工激励

在人力资源管理中，薪酬管理是非常重要的一个部分，是每个单位不可或缺的竞争工具和激励方式。薪酬的合理性直接关系到员工工作的积极性以及全局工作目标的实现，合理的薪酬体系能够帮助单位留住人才，更好地实现全局工作目标。对薪酬管理与职工激励进行分析和研究，并提出改善单位薪酬管理的相应对策，有利于提高全局职工对薪酬的满意度，提高职工的工作积极性。

在单位中，人力资源是最为宝贵的资源，而薪酬管理是单位进行人力资源管理的一个非常重要的工具，能够提高单位的竞争力。良好的薪酬管理能够帮助单位稳定职工队伍，发挥职工的工作积极性，促进单位工作目标的实现。

薪酬可以从狭义角度和广义角度来分析，从狭义来说，薪酬是指个人所得到的工资、奖金等以金钱的形式得到劳动回报。而从广义来说，薪酬有着非经济性报酬和经济性报酬之分。非经济性报酬是指职工对于单位或者是工作本身在心理上的一种感受。而经济性报酬则是指职工的一些工资、福利、奖金以及假期等。

薪酬管理和薪酬不同，广义的薪酬管理是人力资源管理中的一项重要的职能，其有着非常重要的作用，涉及对职工的工资、福利、奖金、假期等经济性报酬的分配，包括薪酬结构、水平、形式等不同的内容，不断地对薪酬计划和预算进行拟定，制定相关的管理政策，对成本进行控制，及时与职工进行沟通，从而做出最为有效的薪酬管理。狭义上的薪酬管理是指薪酬制度建立过程中的一些具体的预算、计划、组织以及评价等管理和控制工作，也有很多人将其称为薪酬管理系统。

一、薪酬管理与职工激励的关系

薪酬管理与职工激励之间是相辅相成的关系，单位的薪酬管理需要满足职工的不同需求。我们常说的薪酬有工资、奖金、福利等，这些都与职工的工作、生活密切相关。在日常工作中，职工希望能够提高自己的社会地位，有些职工工作多样化，从事着不同岗位的工作。但无论是从哪方面来说，职工都是需要在一定程度上得到满足，希望自己能够得到晋升的机会，提高自身价值。在对职工的需求进行分析的过程中，薪酬管理的制定必须根据员工的安全感、需求和公平来制定，这是源于工资公平和薪酬管理程序的公平。为了实现公平，单位必须与职工充分沟通，在了解和满足员工需求后才能够提高其工作积极性，推动单位目标的实现。薪酬管理与职工激励是相辅相成的，薪酬管理利用薪酬这一关键要素来刺激员工，让员工的工作效率得到提高。

二、建立科学合理的薪酬激励机制的措施

控制好不同岗位的薪酬变动系数。确定薪酬变动系数是一件非常谨慎的事情，因为薪酬变动系数在一定程度上能够改变薪酬的值，是在薪酬水平的基础上确定的，同时还受到同行业同类岗位的最低薪酬和最高薪酬等因素影响。

对员工福利进行优化设计。在对员工福利设计的过程中，首先，需要对员工的福利需求进行调查和调整，不同的行业和地区，职工不同，对于福利的需求也是不同的，在大城市中拼搏的职工，对于当地户口的需求度较高；相对于小城市来说，这一福利对员工的激励作用更强。其次，在物质福利方面，单位工会应该按照我国的传统节日进行发放物质福利，虽然在这些节日发放的福利不多，但是对于员工的意义不同，让员工有被照顾的感觉，能够更好地激励员工。

以职工为中心，建立合理的激励制度。以人为本的思想在单位的薪酬管理中也应该体现，应该以职工为中心，进行薪酬管理。第一，唯才是用。一个优秀有潜力的单位一定有着优秀的管理队伍和高效的职工队伍，这是每个单位发展的秘诀。第二，信任。古语有云："用人不疑，疑人不用。"单

位和员工，管理者和下属之间应该是互相信任的关系。第三，要重视对职工的教育和培养。只有职工业务能力和素质得到不断的提高，单位才能不断地发展。第四，建立合理的激励制度。有研究表明，良好的激励环境对于职工潜力的激发是有着积极作用的，增强主人翁意识，为单位创造更多的价值。

增加薪酬支付的透明性。单位职工对于工资的公平性比较关注，同时对于人才市场中的薪酬走势也是非常关注的。在单位内部，薪酬应该是透明的，这样能够避免让员工进行猜测，让职工更加稳定，保证单位的稳定发展。同时，透明的薪酬管理制度能够让员工明确自己在单位内部的发展方向，规划自己职业目标，并为之不懈奋斗。

职工得到的薪酬，一方面是对过去工作的肯定，另一方面也是其未来努力工作的预期报酬，能够激励员工在工作中不断努力。薪酬管理对于职工的工作有着极大的影响，单位只有制定合理的薪酬管理制度，才能更好地促进本单位的发展。

第七章　职业生涯规划管理优化

第一节　职业生涯管理的目的和作用

一、员工职业生涯管理的目的

企业的竞争优势与企业人力资源的管理效果密切相关，人力资源优势是企业维持高的经营绩效，获取竞争优势的保证。企业进行员工职业生涯管理也正是为了优化企业人力资源管理效果，提高企业竞争力。人力资源管理效果通常通过两个方面来衡量：一是人力资源行为，即工作满意度、缺勤率、流失率和生产率；二是人力资源能力，即员工的知识、技能水平。员工职业生涯管理能够有效提高人力资源管理效果，主要表现在以下三个方面：

（一）改善员工的工作环境，提高员工工作满意度

工作满意度是指员工个人对他所从事的工作的一般态度，员工整体的工作满意度是影响企业绩效的重要因素之一。一个人的工作满意度水平高，对工作就可能持积极的态度；对工作不满意的人，就可能对工作持消极态度。长期以来，管理者有一种信念：对工作满意的员工的生产率比不满意的员工要高，因此，员工工作满意度高的企业相对而言经营绩效要好，而

企业员工职业生涯管理正是为了改善员工工作环境，从而提高员工对工作的满意度。

影响员工工作满意度的因素主要有如下几个方面：具有挑战性的工作、公平的报酬、支持性的工作环境、融洽的同事关系及能力与工作的匹配。企业进行员工职业生涯管理，鼓励员工关注自身的发展，同时提供机会、采用各种手段帮助员工发展自我，鼓励员工承担更具挑战性的工作，使员工有机会展示自己的技能和能力，这样，就会在企业内部营造出一个富有竞争性和挑战性的工作环境。在这种工作环境中，员工会感觉到凭借自己的实力就能够获得公平的晋升机会和成长机会，就能够承担更多的责任，也更能够从工作中获得满足感。

员工职业生涯管理的原则之一是鼓励员工找到自己的职业锚，发现自身稳定的、长期的贡献区，从而为企业做出更大贡献，并获得自身职业发展。员工在这样的职位上，将发现自己有合适的才能和能力来适应这一工作的要求，并且在该岗位有可能获得成功，从而使员工更有可能从工作中获得较高的工作满意度，提高工作效率。同时，企业鼓励员工的职业发展，对于得到晋升或自身能力提高的员工，企业将提高其收入水平，收入的提高带来员工生活质量的提高，反过来，这又会使员工工作满意度得到进一步提升。可见，企业进行员工职业生涯管理可以通过提高员工工作满意度来改善员工绩效，从而提高企业经营效益。

（二）提高员工的工作效率，降低流失率和缺勤率

企业进行员工职业生涯管理可以提高员工的工作参与程度及员工的工作效率。工作参与度是测量一个人在心理上对他的工作的认同程度，工作参与度与员工的工作效率呈正相关。企业进行员工职业生涯管理时最重要的考虑因素之一就是人与岗匹配，即将员工放到最合适的位置上，这样员工才能发挥出他的聪明才智，做出更大贡献。心理学家约翰·霍兰德提出了人格—工作适应性理论，他划分了 6 种不同的人格类型，每一种人格类

型都有与其相适应的工作环境。他指出，当人格与职业相匹配时，则会产生最高的满意度和最低的流动率，此时员工对工作的认同感最高，因此工作效率也最高。有研究表明，工作水平是满意度与工作绩效之间关系的一个重要的中介变量。对于工作水平较高的员工来讲，工作满意度越高，工作绩效就越高。企业中的专业人员和管理人员均属于工作层次水平较高的人员，他们的工作绩效某种程度上决定了整个企业的经营绩效，因此，企业侧重于对这部分员工进行职业生涯管理而将进一步促进这部分员工工作绩效的提升。

除此之外，企业进行员工职业生涯管理还有助于降低缺勤率和流失率。降低缺勤率对企业来说非常重要。而在企业中，流失率高意味着招聘、培训等费用提高，组织必须重新寻找合适的人来充实空缺岗位，企业的有效运作要受到影响。当流动过度，流走的又都是优秀员工时，将会严重影响企业的经营绩效。

缺勤率和流失率与工作满意度呈负相关，企业进行员工职业生涯管理，可以提升员工对工作的满意度，员工对工作的满意度越高，缺勤率和流失率相对则越低，从而为企业节约了相应的成本开支，保持了员工队伍的稳定性。

（三）帮助员工掌握最新知识技能，使企业保持竞争力

在知识经济时代，变化是企业经营环境的一个重要特征。知识的更新是非常迅速的，企业在这样的竞争环境中要生存、发展，必须拥有不断学习的人才。员工不仅要掌握现有工作岗位所必需的技能，还必须及时更新知识，掌握最新的技能，以满足企业未来战略规划的需要。

员工职业生涯管理将鼓励员工终身学习，紧跟时代变化的步伐，及时更新自己的知识，开发新的技能。同时，通过有效的手段对员工进行培训、开发，培养关键职位的接班人，能够为企业未来竞争提供人力资源保证，使企业在需要时有合适的人才可以用。企业进行职业生涯管理不仅是为了维持现在的经营绩效，也是在为未来的变化作准备，使企业在未来的竞争中能够保持高的经营绩效和竞争力。

二、职业生涯管理对组织的作用

职业生涯管理不仅决定个人一生事业成就的大小，也关系到组织目标的实现与否。组织通过对员工的职业生涯管理，能使人力资源得到有效的开发。

（一）职业生涯管理可以对组织未来的人才需要进行预测及开发

组织可以根据发展需要，预测未来的人力资源需求，通过对员工的职业生涯设计，为员工提供发展的空间、培训的机会和职业发展的信息。使员工的发展和组织发展结合起来，有效地保证组织未来发展对人才的需要，避免职位空缺而找不到合适人选的现象。

（二）职业生涯管理帮助企业留住优秀的员工

组织的优秀人才流失有多方面的原因，比如专长没有得到发挥，薪酬不理想，没有晋升的机会等。组织进行职业生涯管理，重视对员工职业生涯的设计和发展，将会增加员工工作的满意度，留住和吸引优秀的人才。对员工来说，最关心的就是自己的事业发展，如果自己的才能得到发挥和肯定，他就不会轻易地转换组织。

（三）职业生涯管理可以使组织的人力资源得到开发

职业生涯管理能使员工的个人兴趣和特长受到企业的重视，员工的积极性得到提高，潜能得到合理的挖掘，从而有效地开发企业的人力资源，使企业更适合社会的发展和变革的需要。

三、个人职业生涯管理的意义

职业发展是员工的重要人生需要。一种未满足的需要会带来紧张，进而在身体内部产生内驱力，这些内驱力会产生寻求行为，去寻找能满足需要的特定目标，如果目标达到，需要就会满足，并进而降低紧张程度。美国著名社会心理学家马斯洛提出了著名的需要层次理论，他假设每个人内部都存在着五种需要层次。包括生理需要：包括饥饿、干渴、栖身、性和其他身体需要。安全需要：保护自己免受生理和心理伤害的需要。社会需要：爱、归属、接纳和友谊。尊重需要：内部尊重因素（如自尊、自主和成就）和外部尊重因素（如地位、认可和关注）。自我实现需要：一种追求个人能力极限的内驱力，包括成长、发挥自己的潜能和自我实现。当任何一种需要基本上得到满足后，下一个需要就成为主导需要。个人需要顺着需要层次的阶梯前进。

马斯洛把生理需要和安全需要归纳为较低层次的需要，社会需要、尊重需要和自我实现需要是较高层次的需要。较高层次的需要从内部使人得到满足，较低层次的需要从外部使人得到满足。马斯洛认为每一层次的需要都是与生俱来的，而非后天获得，他发现自我实现这样的高级需要也是人性所固有的。随着社会的进步，人们生活水平的提高，员工已经不仅仅停留在低层次需要的满足上，而是向更高层次的需要靠近。相对于个人的生命周期而言，职业生命周期占据了个人整个生命周期的大部分时间，员工不只是满足于找到一份工作，而是越来越关心自己的职业发展，希望在职业的发展过程中满足自己与他人交往、被接纳、受到尊重的需要，通过对职业成功的追求实现自我成长、施展潜能、得到认可、实现人生的价值。职业生涯关系到社会、尊重、自我实现等较高层次需要能否得到满足，职业发展已成为员工个人的人生需要之一。

美国学者也指出，进入 21 世纪以后，企业将面临三大竞争性挑战，竞争的全球化挑战、满足利益相关群体需要的挑战以及高绩效工作系统的挑战，其中利益相关群体包括股东、顾客和员工。为赢得竞争优势，企业不仅要关注股东的投资收益，顾客的满意度，还必须关注员工的期望，满足员工的需要，提高他们的工作满意度和工作效率。

为了满足员工对职业发展的需要，企业通过有效的职业生涯管理对员工进行激励，以满足企业和员工的共同目标。激励是指通过高水平的努力实现组织目标的意愿，而这种努力以能够满足个体的某些需要为条件。赫兹伯格提出的激励—保健理论指出，真正对员工起到激励作用的是一些与职业发展相关的内部因素，如工作富有成就感、工作成绩得到认可、工作本身、责任大小、晋升、成长等，这些因素被称为激励因素，而其他一些如公司政策、人际关系、工作环境等导致不满意的因素即使被消除，也不一定对员工有激励作用，赫兹伯格把这样的因素称为保健因素。

职业发展本身对员工的工作满意度起着重要作用，是激励员工的重要因素。企业通过职业生涯管理系统，可以创造出一个激励员工追求自身职业发展的氛围，让员工通过职业发展得到成长，在工作中得到晋升或承担起更大的责任，从而使工作满意度大大增强，工作效率大大提高。而职业生涯管理通过整合企业的目标与员工个人发展的需要，可使两者在某种程度上达成一致。在这种前提下，企业通过对员工职业生涯的管理来激励员工为实现自己未被满足的职业发展需要而努力，同时，员工努力工作的行为将促进企业目标的实现。企业进行员工职业生涯管理，不仅有利于企业的发展，也完全符合员工个人的人生需要，具有强大的生命力。对员工个人而言，参与职业管理的重要性体现在以下三个方面：

（一）增强员工对工作环境的把握能力和对工作困难的控制能力

职业计划和职业管理既能使员工了解自身的长处和短处，养成对工作环境和工作目标困难程度进行分析的习惯，又可以使员工合理计划、分配时间和精力，完成任务，提高技能。这有利于强化员工对环境的把握和对困难控制的能力。

（二）利于个人处理好职业和生活的关系

良好的职业计划和职业管理可以帮助个人从更高的角度看待工作中的

各种问题和选择，将各分离的事件结合联系，服务于职业目标，使职业生活更加充实和富有成效。它更能考虑职业同个人追求、家庭目标等生活目标的平衡，避免顾此失彼、两面为难的困境。

（三）可以实现自我价值的不断提升和超越

工作的最初目的可能仅仅是找一份养家糊口的差事，随着时间的推移，成为追求财富、地位和名望的途径。职业计划和职业管理对职业目标的多次提炼可以使工作目的超越财富和地位之上，实现追求更高层次自我价值的目标。

第二节　个人职业生涯管理与优化

个人职业生涯管理与优化又称职业生涯设计，是指个人确立职业发展目标，选择职业生涯路径，采取行动和措施，并不断对其进行修正，以保证职业目标实现的过程。

职业生涯设计按照时间长短可以划分为短期、中期、长期和人生四种规划。短期规划是指两年以内的职业生涯规划，目的主要是确定近期目标，制订近期应完成的任务计划。中期规划是指 2~5 年内的职业生涯规划。长期规划是指 5~10 年内的职业生涯规划，目的主要是设定比较长远的目标。人生规划是指对整个职业生涯的规划，时间跨度可达 40 年左右，目的是确定整个人生的发展目标。

职业生涯是一个漫长的过程，每个人都应该有一个整体的规划，但完整的人生职业生涯规划由于时间跨度大，会因为境遇变迁而难以准确掌控，也难以具体实施。因此，我们可以把整个人生职业生涯规划分成几个长期规划，长期的规划再分成几个中期的规划，中期规划再分成几个短期的规划，这样既便于根据实际情况设定可行目标，又可随时根据现实的反馈进行修正和调整。

一、个人职业生涯管理与优化的原则

在做职业生涯设计时既要有挑战性，又要避免好高骛远，同时还应保持一定的灵活性，便于根据自身和环境的变化适时做出调整。实施规划时应遵循以下原则，避免走不必要的弯路。

第一，清晰性原则。考虑职业生涯目标、措施是否清晰、明确，实现目标的步骤是否直截了当。

第二，挑战性原则。目标或措施是否具有挑战性，还是仅保持现状而已。

第三，动态性原则。目标或措施是否有弹性或缓冲性，是否能根据环境的变化而进行调整。

第四，一致性原则。主要目标与分目标是否一致，目标与措施是否一致，个人目标与组织发展目标是否一致。

第五，激励性原则。目标是否与自己的性格、兴趣和能力相匹配，是否能对自己产生内在激励作用。

第六，全程原则。拟定职业生涯规划时，必须考虑到职业生涯发展的整个历程，基于全程去考虑规划。

第七，具体原则。生涯规划各阶段的路线划分与行动计划，必须具体可行。

第八，可评量原则。规划的设计应有明确的时间限制或标准，以便评测、检查，使自己随时掌握执行状况，并为职业规划的修正提供参考依据。

二、影响个人职业生涯规划的因素

（一）个人方面

影响职业生涯规划个人方面的因素包括：个人的心理特质，如智力、性格、兴趣等；生理特质，包括性别、身体状况以及外貌等；学历水平，包括所接受的教育程度、学习经历、社团活动、工作经验等。下面主要介绍性格、兴趣以及能力对职业生涯规划的影响。

1. 性格与职业

性格是指表现在人对现实的态度和相应行为方式中比较稳定的、具有核心意义的个性心理特征，是一种与社会关系最密切的人格特征。性格表达了人们对周围世界的态度，并体现在人们的行为举止中。每个人可以根据自己的职业性格来选择适合的职业。

2. 兴趣与职业

兴趣是人们认识与研究某种事物或从事某种活动的积极态度和倾向，是在一定需要基础上，在社会实践中发生和形成的，因人而异，各有不同。兴趣在人的职业选择过程中具有重要作用，是人进行职业选择的重要依据。

当一个人对某种事物产生兴趣时，就能敏锐地感知事物，积极思考，情绪高涨，想象丰富，并具有克服困难的意志。兴趣也能影响工作满意度和稳定性，一般来说，从事自己不感兴趣的职业，很难让人感到满意。

3. 能力与职业

能力是指人们能够从事某种工作或完成某项任务的主观条件。这种主观条件受两方面因素影响：一是先天遗传因素，二是后天的学习与实践因素。人们的能力可分为一般能力和特殊能力两大类。一般能力通常又称为智力，包括注意力、观察力、记忆力、思维能力和想象力等，是人们顺利完成各项任务必须具备的一些基本能力。特殊能力是指从事各项专业活动的能力，也可称为特长，如音乐能力、语言表达能力、空间判断能力等。能力是一个人完成任务的前提条件，是影响工作效果的基本因素。因此，了解自己的能力倾向及不同职业的能力要求对合理地进行职业选择具有重要意义。

从能力存在差异的角度来看，在职业选择时应遵循以下原则：能力类型与职业相吻合。人的能力类型是有差异的，即人的能力发展方向有所不同。职业研究表明，职业可以划分为不同类型，对人的能力也有不同要求，因而应注意能力类型与职业类型的吻合；一般能力与职业相吻合。不同职业对人一般能力的要求各有不同，如律师、科研人员、大学教师等要求从业人员具备较高的智商；特殊能力与职业相吻合。要顺利完成某项工作，除具有一般能力外，还应具备完成该项工作所必需的特殊能力。如从事教育工作需具备良好的阅读能力和表达能力，建筑工则必须具备一定的空间判断能力等。

（二）组织方面

企业内部环境对个人职业生涯有直接的影响，个体发展与企业发展息息相关。对企业环境进行客观分析，可以准确了解企业的实际状况及发展前景，把个体发展与企业发展联系在一起，并将其融入企业发展之中，这有利于个人做出合理的职业生涯规划。

1. 企业文化

企业文化在一定程度上会左右员工的职业生涯。员工的价值观与企业文化有冲突，无法适应企业文化，在组织中的发展就会受到很大的影响。所以企业文化是个人在制定职业生涯时要考虑的重要因素。

2. 企业制度

企业员工的职业发展，归根到底要靠企业管理制度来保障，比如有效的培训制度、晋升制度、绩效考核制度、奖惩制度、薪酬制度等。制度不完善的企业，员工的职业发展就难以顺利实现。

3. 领导人的素质和价值观

企业文化和管理风格与其领导人的素质和价值观有直接的关系。企业主要领导人的抱负及能力是企业发展的决定因素，对员工的职业发展有着重要影响。

4. 企业实力

在激烈的市场竞争中，所谓适者生存，意思是只有适应环境，适应发展趋势的企业才能生存。选择进入有实力、有潜力的企业，对个人的职业生涯的开展非常有利。

5. 企业所在行业环境

行业环境将直接影响企业的发展状况，进而也影响到个人的职业生涯发展。健康的行业环境有助于个人职业目标的更好实现。行业环境包含以下内容：行业发展现状。对行业发展现状进行分析，深入了解所处行业当前发展态势及存在的问题，进而预测行业的发展趋势、发展前景；国际国内重大事件对该行业的影响。行业的发展容易受到国际国内重大事件的推动或冲击，从而影响到该行业职业机会的多少。

（三）社会方面

1. 经济发展水平

经济发展水平较高的地区，优秀企业相对集中，个人职业选择的机会较多，有利于个人职业发展；反之，经济落后地区，个人职业选择机会少，个人职业生涯也会受到限制。

2. 社会文化环境

社会文化是影响人们行为的基本因素，主要包括教育条件、教育水平及社会文化设施等。在良好的社会文化环境熏陶下，个人素质、个人能力会得到大幅度的提升，从而为职业生涯打下更好的基础。

3. 价值观念

一个人生活在社会环境中，必然会受到社会价值观念的影响，个人价值取向很大程度上被社会主体价值取向所影响，进而影响到个人的职业选择。

三、个人职业生涯规划的步骤

个人职业生涯规划一般要经过自我剖析、职业发展机会评估、设定职业生涯目标、选择职业生涯路径、制定职业发展策略和职业生涯评估与调整等几个步骤来完成。

（一）自我剖析

自我剖析是对自身情况进行剖析、评估。它包括对人生观、价值观、受教育水平、职业锚、兴趣和特长等进行分析，达到全面认识自己、了解自己的目的。自我剖析是职业生涯规划的基础，直接关系到个人职业生涯的成功与否。

橱窗分析法是自我剖析的重要方法之一。心理学家把对个人的了解比喻成一个橱窗，将其放在一个坐标轴中加以分析。坐标的横轴正向表示别人知道，负向表示别人不知道；纵轴正向表示自己知道，负向表示自己不知道。

（二）职业发展机会评估

员工在进行职业生涯规划时，除了对自身的优劣势进行分析和评价外，还要对所处的外部环境进行评估。个人所处的环境决定了个人职业生涯发展的机会。职业生涯发展机会评估的准确与否，影响着个人对时机与机遇的把握。所以制定个人的职业生涯规划时，要分析所处环境的特点、环境的发展变化趋势、自己与环境的关系、自己在环境中的位置、环境对自己职业生涯目标有利和不利的地方等。所处的环境一般包括社会环境、组织环境、政治环境以及经济环境等。

（三）设定职业生涯目标

职业生涯目标的设定是职业生涯规划的核心。在确定职业生涯目标过程中需要注意以下几点：目标要符合社会与组织的需要；目标要适合自身的特点，并使其建立在自身的优势之上；目标要高远但绝不能好高骛远；目标幅度不宜过宽，最好选择窄一点的领域，并把全部身心力量投入进去，这样更容易获得成功；要注意长期目标与短期目标间的结合，长期目标指明了发展的方向，短期目标是实现长期目标的保证，长短期目标结合更有利于职业生涯目标的实现；目标要明确具体，同一时期的目标不要太多，目标越简单、越具体，就越容易实现，越能促进个人的发展；要注意职业目标与家庭目标以及个人生活和健康目标的协调与结合，家庭与健康是事业成功的基础和保障。

（四）选择职业生涯路径

在确定职业生涯目标后，就面临着职业生涯路径选择的问题。所谓职业生涯路径，就是指选定职业后实现职业目标的具体方向，比如是向着专业技术方向发展，还是向着行政管理方向发展。

由于不同的职业路径对发展的要求不一样，职业路径规划是进行职业生涯规划时必须面临的选择，只有做出明确的选择，才能更好地安排以后的学习和工作，并使其沿着既定的路线和方向平稳发展。个人在进行职业生涯路径选择时，可以从三个方面来考虑：我希望沿着哪一条路径发展，即确定自己的人生目标取向；我适合往哪一条路径发展，即确定自己的能力取向；我能够沿着哪一条路径发展，即主要考虑自身所处的社会环境、政治与经济环境、组织环境等。

（五）制定职业发展策略

无论多么美好的理想和想法，最终都要落实到行动上才有意义，否则都是空谈。在确定职业生涯目标和路径后，行动就成为关键的环节。为保证行动与目标一致，需要最大限度地根据个人职业生涯发展规划来约束自己的行为，并采取措施，把目标转化成具体的行动方案。

（六）职业生涯评估与调整

由于诸多不确定因素的存在，会使既定的职业生涯目标与规划出现偏差，因此需要适时地对职业生涯目标与规划进行评估并做出相应调整，以更好地符合自身和社会发展的需要。调整的内容主要包括职业生涯路径的选择、职业生涯目标的修正以及职业生涯策略等。

四、个人职业生涯成功的评价标准

职业生涯成功是指个人实现了自己的职业生涯目标。职业生涯成功的含义因人而异，具有很强的差异性。对有些人来讲，职业生涯成功可能是一个抽象的、不能量化的概念，例如家庭幸福、职务上的不断晋升等。职业生涯成功对于同样的人在不同的人生阶段也有着不同的含义。对于年轻员工来说，职业生涯的成功往往首先体现为在工作中产生满足感与成就感，并使工作更具挑战性。每个人都应该对自己的职业生涯成功进行明确界定，包括成功意味着什么，成功的时间、成功的范围、被承认的方式、想拥有的权势和社会地位等。要对职业生涯成功进行全面的评价，就必须综合考虑各方面因素，而每一个方面都应该有相应的评价标准。

第三节　组织职业生涯管理与优化

20 世纪 60~70 年代的美国，最早开始了组织职业生涯管理方面的有益探索，一些企业开始有意识地帮助员工建立起在本企业内部的发展目标，设计员工在企业内部的发展通道，并为员工提供目标实现过程中所需要的培训、轮岗和晋升等。随着员工受教育程度和收入水平的不断提高，他们的工作动机也趋于高层化和多样化，人们参与工作，更多是为了获得成就感、增加社会交往、实现个人的发展理想。这也为企业的人力资源管理提出了新的挑战，职业生涯管理受到越来越多企业的关注。

职业生涯管理与优化是组织根据自身发展目标，及时地向员工提供在本组织内职业发展的有关信息，给予员工公平竞争的机会，并提供职业咨询，引导员工对自己的能力、兴趣以及职业发展的要求和目标进行分析与评估，使其能与企业组织的发展和需要相统一，以实现组织和个人的长远利益。

一、组织职业生涯管理与优化各主体职责划分

组织职业生涯管理与优化的实施是一个系统的过程，需要各个主体的有效配合，各自承担相应的职责。一般来说，员工个人负责自我评估，进行个人职业生涯规划；管理者为员工提供辅导并进行职业形势分析；组织则负责提供培训指导、信息资源，等等。

一般而言，员工的责任包括以下内容：对自己的能力、兴趣和价值观进行自我评价；分析职业生涯选择的合理性；确立发展目标和需要；和上司交换发展愿望；和上级一起制订行动计划；落实并实施该行动计划。

管理者的责任一般包括以下六个方面：作为催化剂，引导员工正确认识自身职业生涯发展的过程；对员工所提供的信息，进行确认与评估；帮助员工对其职业发展目标及规划进行分析和评价；对员工进行指导，并达成一个与企业战略需求相一致的个人发展目标；确定员工的职业生涯发展机会，包括安排培训、转岗等；跟踪员工的计划，并根据形势，适时对计划进行更新。

组织的责任是提供职业生涯规划所需的资源、辅导以及决策所需的信息；采取有效手段对员工、管理人员以及参与实施职业生涯规划的工作人员进行必要的培训；提供技能培训，为员工安排职业锻炼机会和个人发展

空间。

二、组织职业生涯管理与优化的意义

对于组织而言，职业生涯管理与优化的意义主要体现在以下三个方面：

第一，职业生涯管理与优化是企业资源合理配置的首要问题。人力资源是一种可以不断开发并不断增值的增量资源，因为通过人力资源的开发能不断更新人的知识、技能，提高人的创造力，从而使资源被充分利用。特别是随着知识经济时代的到来，企业更应注重人的智慧、技艺、能力的提高与全面发展，通过加强职业生涯管理，使人尽其才、才尽其用，是企业资源合理配置的首要问题。如果离开"人"的合理配置，企业资源的合理配置就是一句空话。

第二，职业生涯管理与优化能充分调动人的内在积极性，更好地实现企业组织目标。职业生涯管理的目的就是帮助员工提高在各个需要层次的满足度，使人的需要满足度从金字塔形向梯形过渡最终接近矩形，使员工的低层次物质需要和精神方面高级需要的满足度同时得到提高。因此，职业生涯管理立足于友爱、尊重、自我实现的需要。真正了解员工在个人发展上想要什么，协调其制定规划，帮助其实现职业生涯目标，这样就必然会激起员工为企业服务的精神，进而形成企业发展的巨大推动力，更好地实现企业组织目标。

第三，职业生涯管理与优化是企业长盛不衰的组织保证。任何企业成功的根本原因是拥有高质量管理者和高质量员工。人的才能和潜力能得到充分发挥，人力资源不会虚耗、浪费，企业的生存成长就有了取之不尽、用之不竭的源泉。发达国家的重要资本是其所积累的经验、知识和训练有素的人力资源。通过职业生涯管理努力提供员工施展才能的舞台，充分体现员工的自我价值，既是留住人才、凝聚人才的根本保证，也是企业长盛不衰的组织保证。

三、职业生涯周期管理

从组织的角度来讲，职业生涯管理就是帮助员工协调组织与个人的职业生涯目标，为员工提供指导，帮助员工顺利实现自己的职业目标。员工的职业生涯一般可分为早期、中期和晚期三个阶段，不同阶段企业职业生涯管理的侧重点也不一样。

（一）职业生涯早期的管理

职业生涯早期阶段是指一个人由学校进入组织并在组织内逐步"组织化"，并为组织所接纳的过程。这一阶段一般发生在 20~30 岁，一系列角色和身份的变化，必然需要经历一个适应过程。在这一阶段，个人的组织化以及个人与组织的相互接纳是个人和组织共同面临的、重要的职业生涯管理任务。

1. 职业生涯早期阶段的个人特征

在职业生涯早期阶段，员工个人正值青年时期，这一阶段任务较为简单；个人的主要任务：进入组织，学会工作，学会独立，并寻找职业锚，完成向成年人的过渡。这个阶段员工的个人特征主要有以下几方面：

第一，职业方向不是很明晰。员工进入企业后，开始接触自己职业领域的知识、技能，并逐步尝试在自己工作中积累经验。员工除了对工作岗位缺乏经验外，对企业的文化也比较陌生，对周围的环境也不熟悉，需要逐步地适应环境。员工对自己的职业能力和未来发展还没有形成较明确的认识，尚处于职业生涯探索期，职业锚的选择常常犹豫不决或变化不定。

第二，精力充沛。处于职业生涯早期的员工，精力充沛，家庭负担比较轻；心态上积极向上，追求上进，对未来充满期盼，充满激情，有足够的精力来应对可能出现的工作困难。

第三，容易产生职业挫折感。这一阶段员工具有较高的工作期望。但由于缺少经验和对环境及自身的充分认知，工作中经常高估自己，一旦自己的期望与现实发生冲突，或付出了很大努力没有达到预期目标，会产生职业挫折感。培养对挫折的抵抗力，对于个体有效地适应职业环境、维持正常的心理和行为是非常重要的。

第四，开始具有家庭责任意识。员工在这一阶段开始组建家庭，并萌生家庭责任意识，逐步学习调适家庭关系的能力，承担家庭责任，逐步学会与父母、配偶等家人和睦相处。

第五，心理上存在独立和依赖并存的矛盾。在心理方面，员工要解决依赖与独立的矛盾。刚开始参加工作，常会处于配合、支持其他有经验的人的位置，但是依赖是独立的前奏，经过一段时间的学习和积累，工作经验和能力发展到一定程度后，就应该逐步地寻求独立，如果不能及时地克服依赖，就难以发展独立性。

2. 组织在员工职业生涯早期的管理优化策略

（1）支持员工的职业探索

员工对自我的认识有一个探索过程。员工选择进入某一企业或应聘某一职位是建立在对自己兴趣、能力等的单方面评价的基础上，这种自我评价不可避免地带有个人的主观色彩。此外，员工对企业的了解不够深入，选择的职位有可能不符合自己的发展目标。为了实现个人与职位的最佳匹配，组织应该提供各种职位空缺的信息，并进行广泛的传播，让感兴趣的员工都有机会参与这些职位的竞争角逐。另外，企业还可以根据不同类型员工的特征，采取相应的职业支持措施，在企业的引导和资源支持下，员工可以对自身有更充分的认识，评估的客观性增强，从而完成职业的再探索和再选择过程。

（2）促进员工的社会化

员工的社会化是指企业中的新员工融入企业文化的过程。员工社会化一方面要靠员工自己的努力，另一方面也需要组织提供相应的条件来促进员工的社会化。培训是促进员工社会化的一种比较好的形式，组织通常选择与员工的适应和发展相关的内容进行培训。培训内容应包括组织历史、组织使命、组织结构、与组织老成员和直接主管交谈、参观、报告会等。培训要有针对性地持续进行，培训内容要向新成员传达他们想知道的具体信息。

（3）安排一位好"师父"

为员工安排正式的导师（师父），这已被证明是成功的经验。在员工开始职业生涯的头一年里，一位受过特殊训练、具有较高工作绩效和丰富的工作经验的"师父"，可以帮助他们更快地建立起较高的工作标准，同时也可对他们的工作提供有力支持，帮助其获得成功。

（4）指导员工进行早期职业生涯规划

依据马斯洛的需求层次理论，职业发展规划属于满足人自我实现需求的范畴，会产生强大的激励作用。因此，企业要留人、要发展，就应该尽早为员工规划职业生涯，使员工看到未来发展的希望，增强归属感，在提高员工自身素质的同时也就提高了企业竞争力。企业应该了解员工的需要、能力及自我目标，加强个体管理；再辅以按照员工兴趣、特长和公司需要相结合的培训发展计划，充分挖掘员工潜力，使其真正安心于企业工作并发挥最大潜能，创造出企业与员工持续发展的良好氛围与条件。管理者和员工应就个体的职业需要和发展要求等问题进行沟通，企业对个体的职业发展提供咨询和建议。

（二）职业生涯中期的管理

职业生涯中期阶段是一个时间周期长（年龄跨度一般是25~50岁）、富于变化、复杂的关键时期，由于个人三个生命周期的交叉运行、面临诸多问题和生命周期运行的变化，以及个人特质的急剧变化，导致某些员工出现职业问题，形成所谓的"职业生涯中期危机"。

1. 员工职业生涯中期阶段的问题

员工职业生涯中期阶段一般会出现以下问题：

第一，职业生涯发展机会减少。处于职业生涯中期的员工，面临的主要问题之一是个人的发展机会减少，即个人的发展愿望没有得到满足，组织成为制约个人发展的阻碍。通常组织对各类人员的需求量不同，整个组织的人员层次分布类似于金字塔。许多人由于缺乏竞争力，争取高级职位就比较困难，会感到前途渺茫。此外，组织成熟度本身也是一个十分重要的制约因素。在组织的开拓时期，由于事业发展很快，不断产生新兴事业，个人发展机会比较多，一旦事业发展走向成熟期，新的岗位增加缓慢，老的岗位基本已经被占据，导致晋升机会减少，个人发展困难。

第二，技能老化。所谓技能老化，是指员工在完成初始教育后，由于缺乏对新兴工作的了解，而导致能力的下降。员工的技能老化使公司不能为顾客提供新产品和新服务，从而丧失竞争优势。

第三，出现工作与家庭冲突。职业生涯中期是家庭、工作相互作用最强烈的时间段。工作家庭冲突有三种基本形式：时间性冲突，由于时间投入到一个角色中从而使执行另一角色变得困难；紧张性冲突，由于一个角色产生的紧张使执行另一角色变得困难；行为性冲突，一个角色中要求的行为使执行另一个角色变得困难。处于职业生涯中期的员工，从家庭和事业角度看，对人的时间和精力的需求都在增加，而从生理角度看，个人的精力又有下降趋势，因此冲突在所难免。

2. 职业生涯中期的企业管理优化对策

（1）为员工提供更多的职业发展机会

组织需要为发展到一定阶段的员工创造新的发展机会，是组织留住人才的关键。这一问题的解决方案有以下几种：开辟新的开发项目，以增加组织的新岗位；通过某种形式，承认员工的业绩，给予一定的荣誉；进行岗位轮换，丰富员工的工作经验，使员工的成长需求得到满足。

（2）帮助员工实现技能更新

组织帮助处于职业生涯中期的员工实现技能更新的方案如下：从主管的角度来说，需要鼓励员工掌握新技能，同时让员工承担具有挑战性的工作；从同事角度来说，要与员工共同探讨问题，提出想法，鼓励员工掌握新技能；从组织奖励体系来看，可以通过带薪休假、奖励创新、为员工支付开发活动费用等方法鼓励员工更新技能和知识。

（3）帮助员工形成新的职业自我概念

职业生涯中期，由于个人的职位上升困难，许多员工经历过一些失败，使早期确立的职业理想产生动摇，因此需要重新检讨自己的理想和追求，建立新的自我目标。为此，个人需要获得相关的信息，比如关于职业发展机会的信息，自己的长处和不足的信息等。

（4）丰富员工的工作经验

工作经验丰富，本身就是职业生涯追求的目的。有意识地进行工作再设计，可以使员工产生对已有工作的再认识、再适应，产生积极的职业情感。

（5）协助员工解决工作和家庭之间的冲突

研究表明，来自家庭和来自工作场所的社会支持有助于减少工作和家庭之间的冲突。工作环境的支持主要体现在组织的一些政策和管理者的行为上。组织可以采取一些政策和措施以减轻员工的部分家庭负担，帮助员工平衡工作与家庭责任。

（三）职业生涯后期的管理

一般而言，职业生涯后期可以划定在退休前5~10年的时间。由于职业性质及个体特征的不同，个人职业生涯后期阶段开始与结束的时间也会有明显的差别。这一阶段，员工社会地位和影响力较高，凭借丰富的经验，在企业中扮演着元老的角色。但是，随着年龄的增长，进取心和创造力显著下降，员工开始安于现状。面对职业生涯的终结，员工还会产生不安全感，担心经济收入的减少、社会地位的降低、疾病的出现等，帮助员工顺利度过这段时间，是组织义不容辞的责任。

对于职业生涯后期的员工，管理内容主要是实施退休计划管理，帮助员工树立正确观念，坦然面对退休，并要采取多种措施，做好员工退休后的生活安排。组织应该帮助他们学会接受职业角色的变化，做好退休生活的准备工作。对于精力、体力尚好的员工，可以采取兼职、顾问的方式予以聘用，以延长其职业生涯；对于完全退休的员工，企业可通过书画、棋牌、钓鱼等协会活动，安排他们度过丰富多彩的退休生活。

另外，职业工作交接管理也是退休计划管理的重要内容，员工将要离开工作岗位，但组织要能继续正常运转，就必须做好工作交接。组织要有计划地分期分批安排应当退休的人员退休，绝不能因为人员退休影响组织工作的正常进行。所以应该尽早选择好退休员工的接替者，发挥退休员工的经验优势，进行接替者的培养工作，通过老员工的传、帮、带，让新员工尽快掌握相关岗位的技能，才能确保工作的正常进行。

第八章　劳动关系管理优化

　　劳动关系，又称员工关系、劳资关系、雇佣关系、劳务关系等，是劳动力使用者与劳动者在实现劳动过程中所结成的一种社会经济利益关系。企业的劳动关系状况，直接关系着人力资源效能的发挥，关系到企业的形象，关系到员工的劳动态度和行为，从而直接或间接地影响企业的劳动成本、生产率和利润率，最终会影响企业的市场竞争地位。

　　企业劳动关系最普遍的表现形式是企业内部员工与管理者之间的关系。现代企业管理重要的任务之一就是调整好人际关系，发挥人力资源的效用，而这其中，人与人之间最重要最核心的关系就是劳动关系。加强和改善企业劳动关系管理乃是现代企业的立身之本，发展之基。

第一节　劳动合同管理优化

　　劳动合同管理是指根据国家法律、法规和政策的要求，运用指挥、协调职能对合同的订立、履行、变更和解除、终止等全过程进行的一系列管理工作的总称。劳动合同管理是人力资源管理中重要的一个环节。加强劳动合同管理，提高劳动合同的履约率，对于提高劳动者的绩效，激发劳动者的积极性，维护和谐的劳动关系，促进企业的健康发展来说具有十分重要的意义。

一、劳动合同管理概述

劳动合同亦称劳动契约、劳动协议，是指劳动者与用人单位之间为确立劳动关系，依法协商就双方权利和义务达成的协议，是劳动关系设立、变更和终止的一种法律形式。根据这种协议，劳动者加入企业、个体经济组织、事业组织、国家机关、社会团体等用人单位，成为该单位的一员，负责一定的岗位工作，并遵守所在单位的内部劳动规则和其他规章制度。用人单位则应及时安排被录用的劳动者工作，按照劳动者劳动的数量和质量支付劳动报酬，并且根据劳动法律、法规和劳动合同提供必要的劳动条件，保证劳动者享有劳动保护及社会保险、福利等权利和待遇。

劳动合同是单位组织微观劳动管理的基本组成部分和组织劳动过程的必要手段。其内容主要包括：制定劳动合同制度的实施方案；组织和指导劳动合同的签订；监督劳动者和单位相关部门对劳动合同的履行；结合劳动合同履行情况与劳动者进行相应的劳动合同变更、解除或终止等；劳动争议的处理；总结劳动合同管理的经验和存在的问题等。

用人单位劳动合同管理的主要方式有以下几种：完善劳动合同内容；建立和运用切实有效的管理手段，促进劳动合同的履行；建立职工名册，实现对劳动者的精细管理；建立和完善与劳动合同制度相关的规章制度，包括薪酬、工时、休假、劳动保护、保险福利制度等；实行劳动合同管理工作责任制，把工作落实到岗位和责任人；加强劳动合同管理制度的监督工作，如工会和劳动者的监督等。

二、劳动合同管理优化的意义

第一，有利于促使企业依法订立劳动合同并严格履行。现阶段，由于人们的法治观念和合同意识还不强，不依法订立和履行劳动合同的现象在不少地区和单位都不同程度地存在着。有的单位不尊重劳动者的合法权益，单方面拟定合同条款，包办签订劳动合同；有的劳动合同条款未能体现公平原则，只规定劳动者违约应承担的责任；有的劳动合同条款不清晰，例如有的用人单位随意变更劳动合同约定的工种和期限；有的用人单位和职工违反法律规定擅自解除劳动合同。这些问题的存在，造成了用人单位和劳动者之间的矛盾和纠纷，导致劳动合同无法履行。通过加强劳动合同管理，及时发现和纠正劳动合同订立和履行中存在的问题，维护劳动合同的严肃性，可以有效地提高劳动合同的履约率。

第二，有利于提高劳动合同双方遵守和执行劳动合同的自觉性，促进劳动关系的稳定发展。随着用人制度的改革，劳动合同履行过程中的问题越来越多。在一些国有企业，"跳槽"的现象十分严重，有的劳动者没有"合同"观念，合同期限未满却不辞而别，给企业生产带来困难，影响了企业的发展；而在一些非国有企业，用人单位违反劳动合同规定，随意解雇职工的现象很严重，给劳动者的就业和生活造成很大影响。以上两种情况，都严重影响劳动关系的稳定。因此，加强对劳动合同执行情况的监督检查力度，教育劳动合同主体双方严格履行劳动合同，并对违约者给予一定的处罚，对劳动关系的稳定和健康发展，维护双方的合法权益，促进企业内部生产秩序和工作秩序的稳定，提高企业的经济效益，都具有十分重要的意义。

第三，有利于预防和减少劳动争议，促进企业劳动制度改革的深化。通过对劳动争议案件进行分析，我们大致可以了解以下几种情况：劳动合同这种法律形式尚未被劳动关系双方所认识，体现在行动上，即双方不能按劳动合同条款办事；劳动合同制度不完善，尤其缺乏必要的劳动合同管理制度，对合同执行中出现的问题，难以通过制度加以约束和解决；由于对劳动合同监督检查不力，无法及时发现和处理劳动合同履行各个环节出现的问题等。加强劳动合同管理，包括对合同双方进行法治教育，健全各项管理制度，开展监督检查活动等，使劳动合同制度化、规范化，就可以有效地防止劳动争议案件的发生，一旦发生矛盾和纠纷，也能及时发现并采取有效的处理办法，从而使双方的矛盾和纠纷得以缓解或解决。

劳动合同制度已在全国普遍推行，但是，其巩固和发展还有漫长的路程。加强劳动合同管理，是巩固和发展劳动合同制度的重要环节。通过加强劳动合同管理，劳动关系双方对劳动合同制度的认识可以得到提高。发挥劳动合同制度的优越性，这项制度就能在调动劳动者的积极性、提高企业的经济效益方面发挥更大的作用。

三、劳动合同的种类

劳动合同按照不同的标准，可以分为不同的种类。

（一）按劳动合同期限分类

按照劳动合同期限的不同，劳动合同可分为固定期限劳动合同、无固定期限劳动合同和以完成一定工作任务为期限的劳动合同。

固定期限劳动合同是指用人单位与劳动者约定合同终止时间的劳动合同。期限可长可短，由当事人在订立劳动合同时商定。劳动合同期限届满，劳动关系终止。

无固定期限劳动合同，是指用人单位与劳动者约定无确定终止时间的劳动合同。用人单位与劳动者协商一致，可以订立无固定期限劳动合同。有下列情形之一，劳动者提出或者同意续订、订立劳动合同的，除劳动者提出订立固定期限劳动合同外，应当订立无固定期限劳动合同：劳动者在该用人单位连续工作满十年的；用人单位初次实行劳动合同制度或者国有企业改制重新订立劳动合同时，劳动者在该用人单位连续工作满十年且距法定退休年龄不足十年的；连续订立两次固定期限劳动合同，且劳动者没有《劳动合同法》第三十九条和第四十条规定的情形，续订劳动合同的。另外，用人单位自用工之日起满一年不与劳动者订立书面劳动合同的，被视为用人单位与劳动者已订立无固定期限劳动合同。

以完成一定工作任务为期限的劳动合同，是指用人单位与劳动者约定以某项工作的完成为合同期限的劳动合同。

（二）按用工方式分类

以用工方式为标准，广义的劳动合同可分为全日制劳动合同、非全日制劳动合同、劳务派遣劳动合同。

全日制劳动合同是劳动合同的一般形式，非全日制劳动合同与劳务派遣合同是劳动合同的特殊形式。

在我国，非全日制用工，是指以小时计酬为主，劳动者在同一用人单位一般平均每日工作时间不超过 4 小时，每周工作时间累计不超过 24 小时的用工形式。非全日制劳动合同就是非全日制劳动者与用人单位订立的有关劳动权利和劳动义务的协议。非全日制用工在劳动合同的形式、订立、终止、经济补偿等方面与劳动合同的法律规定不同，具体表现为以下几方面：双方当事人可以订立口头协议；从事非全日制用工的劳动者可以与一个或者一个以上的用人单位订立劳动合同，但是，后订立的劳动合同不得影响先订立的劳动合同的履行；不得约定试用期；当事人任何一方都可以随时通知对方终止用工，且用人单位不向劳动者支付经济补偿；小时计酬标准不得低于用人单位所在地人民政府规定的最低小时工资标准；非全日制用工劳动报酬结算支付周期最长不得超过 15 日。

劳务派遣合同是指劳务派遣单位（即用人单位）与劳动者订立的旨在

将劳动者派遣至用工单位劳动的有关劳动权利和劳动义务的协议。在劳务派遣制度下，劳务派遣单位并不直接使用该劳动者，而是将劳动者派遣到用工单位（即接受以劳务派遣形式用工的单位）的工作场所，在用工单位的指挥监督下从事劳动，劳动关系已经从传统的劳动者与用人单位之间的两方关系，演变成劳动者、劳务派遣机构（用人单位）以及用工单位之间的三方关系。该劳动合同除应当载明一般劳动合同的内容外，还应当载明被派遣劳动者的用工单位以及派遣期限、工作岗位等情况。劳务派遣单位应当与被派遣劳动者订立两年以上的固定期限劳动合同，按月支付劳动报酬。被派遣劳动者在无工作期间，劳务派遣单位应当按照所在地人民政府规定的最低工资标准，按月向其支付报酬。劳务派遣单位派遣劳动者应当与接受以劳务派遣形式用工的单位（即用工单位）订立劳务派遣协议。劳务派遣协议应当约定派遣岗位和人员数量、派遣期限、劳动报酬和社会保险费的数额与支付方式以及违反协议后应承担的责任。

（三）按劳动者一方人数多少分类

以劳动者一方人数的多少为标准，劳动合同可分为个体劳动合同和集体合同。一般的劳动合同指的是个体劳动合同，即劳动者个人与用人单位达成的有关劳动权利和劳动义务的协议。集体合同是指劳动者集体或者工会与用人单位或者用人单位代表就有关劳动报酬、工作时间、休息休假、劳动安全卫生、保险福利等事项达成的协议。根据集体合同调整的层次不同，可以分为全国性集体合同、区域性集体合同、行业性集体合同及企业集体合同。

（四）按劳动合同是否典型分类

以用工形式为标准，劳动合同可以分为典型劳动合同与非典型劳动合同。随着社会经济的发展及科学技术的进步，各种适用于非典型劳动合同的工作开始出现。如劳务派遣、非全日制工作、临时工作、家内劳动以及远程工作等。我国《劳动合同法》首次以法律的形式规定了劳务派遣与非全日制工作这两种非典型劳动合同。

四、劳动合同的内容和形式

劳动合同的内容是指劳动者与用人单位双方通过平等协商所达成的关于劳动权利和劳动义务的具体条款，是劳动合同的核心部分，具体表现为劳动合同的条款。依据《中华人民共和国劳动合同法》（以下简称《劳动合同法》）的规定，劳动合同的条款分为以下三类条款：

第一，法定必备条款。法定必备条款是指劳动合同法规定的劳动合同中必须具备的条款。依据《劳动合同法》（2012 修正）第十七条的规定，劳动合同应当具备以下条款：用人单位的名称、住所和法定代表人或者主要负责人；劳动者的姓名、住址和居民身份证或者其他有效身份证件号码；劳动合同期限；工作内容和工作地点；工作时间和休息休假；劳动报酬；社会保险；劳动保护、劳动条件和职业危害防护；法律、法规规定应当纳入劳动合同的其他事项。

第二，协商约定条款。协商约定条款是指在必备条款之外，劳动者和用人单位经过协商认为需要约定的条款。根据是否为法律所规定，协商约定条款又可以分为两种：一是法定协商约定条款，即《劳动合同法》（2012 修正）第十七条规定的条款——用人单位与劳动者可以约定试用期、培训、保密、补充保险和福利待遇等其他事项。二是任意协商约定条款。任意协商约定条款是指完全由劳动者与用人单位协商的法律未做任何规定的条款，如为职工提供商业保险、住房、班车、托儿所以及子女入学便利等。

第三，法定禁止约定条款。法定禁止约定条款是指法律规定的禁止在劳动合同中约定的条款。依据《劳动合同法》（2012 修正）第二十五条规定，除该法第二十二条和第二十三条规定的服务期协议和保密协议可以约定的情形外，用人单位不得与劳动者约定由劳动者承担违约金。

劳动合同的形式是指劳动合同当事人双方所达成协议的表现形式，是劳动合同内容的外部表现和载体。《中华人民共和国劳动法》和《中华人民共和国劳动合同法》均规定，劳动合同应以书面形式订立，排除了口头及其他形式。已建立劳动关系，未同时订立书面劳动合同的，应当自用工之日起一个月内订立书面劳动合同。用人单位自用工之日起满一年不与劳动者订立书面劳动合同的，视为用人单位与劳动者已订立无固定期限劳动合同。如未订立书面劳动合同，用人单位自用工之日起超过一个月不满一年未与劳动者订立书面劳动合同的，应当向劳动者每月支付两倍的工资。

五、劳动合同的订立

劳动合同的订立是指劳动者与用人单位为建立劳动关系，依法就双方的劳动权利义务协商一致，达成协议的法律行为。订立劳动合同，应当遵循合法、公平、平等自愿、协商一致、诚实守信的原则。

用人单位招聘劳动者时，应当如实告知劳动者工作内容、工作条件、工作地点、职业危害、安全生产状况、劳动报酬，以及劳动者要求了解的其他情况。用人单位有权了解劳动者与劳动合同直接相关的基本情况，劳动者应当如实说明。用人单位招用劳动者，不得扣押劳动者的居民身份证和其他证件，不得要求劳动者提供担保或者以其他名义向劳动者收取财物。

劳动合同的订立经过要约与承诺两个阶段。

所谓要约，是指劳动者或用人单位向对方提出的、希望订立劳动合同的表示。发出要约的一方称为要约人，接受要约的一方称为受要约人。要约人可以是劳动者，也可以是用人单位。要约的内容应具体确定，表明经受要约人承诺，要约人即受该意思表示约束，并应向受要约人发出。

一般来说，受要约人应该是特定的人。但实践中常见的劳动合同订立程序，往往是先由用人单位公布招工（招聘）简章，其中载明录用（聘用）

条件、录用（聘用）后的权利义务、报名办法等内容，然后由劳动者按照招工（招聘）简章的要求报名应招（应聘）。用人单位公布招工（招聘）简章的行为是针对不特定的多数人发出的，因而不是要约，而是希望他人向自己发出要约的表示，其性质为要约邀请。劳动者应招（应聘）的行为符合要约的条件，应为要约。用人单位与劳动者进行反复协商、谈判的行为，则为反要约，或称之为新要约。直到任何一方同意了对方提出的条件，即构成承诺。

所谓承诺，是指受要约人同意要约的表示。承诺必须由受要约人在要约有效期限内向要约人发出，其内容应当与要约的内容一致。在实践中，用人单位对经过考核合格的应招（应聘）的劳动者决定录用（聘用），并向本人发出书面通知的行为即为承诺，该通知到达劳动者，劳动合同即告成立。下一步，双方签订书面合同，劳动合同的订立过程即告完成。

六、无效劳动合同

无效劳动合同是指由于欠缺生效要件而全部或部分不具有法律效力的劳动合同。依据《劳动合同法》（2012修正）第二十六条规定，下列劳动合同无效或者部分无效：以欺诈、胁迫的手段或者乘人之危，使对方在违背真实意愿的情况下订立或者变更劳动合同的；用人单位免除自己的法定责任、排除劳动者权利的；违反法律、行政法规强制性规定的。对劳动合同的无效或者部分无效有争议的，由劳动争议仲裁机构或者人民法院确认。《劳动合同法》（2012修正）第二十七条规定：劳动合同部分无效，不影响其他部分效力的，其他部分仍然有效。《劳动合同法》（2012修正）第二十八条规定：劳动合同被确认无效，劳动者已付出劳动的，用人单位应当向劳动者支付劳动报酬。劳动报酬的数额，参照本单位相同或者相近岗位劳动者的劳动报酬确定。

七、劳动合同的履行、变更和终止

劳动合同的履行是指劳动者和用人单位按照劳动合同的约定，履行其所承担的义务的行为。只有双方当事人按照合同约定全面、正确地履行其所承担的义务，劳动过程才能顺利实现。劳动合同的履行应遵循亲自履行原则、全面履行原则和协作履行原则。具体包括以下内容：用人单位与劳动者应当按照劳动合同的约定，全面履行各自的义务；用人单位应当按照劳动合同约定和国家规定，向劳动者及时足额支付劳动报酬；用人单位应当严格执行劳动定额标准，不得强迫或者变相强迫劳动者加班。用人单位安排加班的，应当按照国家有关规定向劳动者支付加班费；劳动者拒绝用人单位管理人员违章指挥、强令冒险作业的，不视为违反劳动合同，劳动者对危害生命安全和身体健康的劳动条件，有权对用人单位提出批评、检举和控告；用人单位变更名称、法定代表人、主要负责人或者投资人等事项，不影响劳动合同的履行；用人单位发生合并或者分立等情况，原劳动合同继续有效，劳动合同由承继其权利和义务的用人单位继续履行。

劳动合同的变更是指在劳动合同依法成立后，尚未履行或尚未履行完毕之前，当事人就合同的内容达成修改或补充的协议。劳动合同订立后，用人单位与劳动者协商一致，可以变更劳动合同约定的内容。变更劳动合同，应当采用书面形式。变更后的劳动合同文本由用人单位和劳动者各执一份。

劳动合同的终止是指劳动合同关系在客观上已不复存在，劳动合同当事人的权利义务归于消灭。劳动合同终止后，合同效力消灭，当事人不再受合同约束。依据《劳动合同法》（2012修正）第四十四条规定，有下列情形之一的，劳动合同终止：劳动合同期满的；劳动者开始依法享受基本养老保险待遇的；劳动者死亡，或者被人民法院宣告死亡或者宣告失踪的；

用人单位被依法宣告破产的；用人单位被吊销营业执照、责令关闭、撤销或者用人单位决定提前解散的；法律、行政法规规定的其他情形。有些情形下终止劳动合同，用人单位还应当向劳动者支付经济补偿。

八、劳动合同的解除

劳动合同的解除是指在劳动合同依法成立后，尚未履行或尚未履行完毕之前，当事人协商一致或者依法终止合同的行为。合同解除后，双方当事人不再受合同内容的约束。为了平衡劳动者与用人单位的利益，建立和谐稳定的劳动关系，法律对劳动合同的解除做了严格的限制。

劳动合同的解除依法可以分类两类：协商解除和法定解除。协商解除是指用人单位与劳动者任何一方提出解除合同的请求，经协商另一方最终同意的解除劳动合同的行为。法定解除是指用人单位与劳动者无须对方同意，依据法律规定直接解除劳动合同的行为。

（一）劳动者单方解除劳动合同

劳动者单方解除劳动合同的情形包括以下几方面：

第一，劳动者提前 30 日以书面形式通知用人单位，可以解除劳动合同。劳动者在试用期内提前 3 日通知用人单位，可以解除劳动合同。该条规定赋予了劳动者无条件单方预告解除劳动合同的权利，其目的主要是维护劳动者的职业选择权，充分发挥劳动者的积极性、主动性和创造性，有利于劳动力的合理流动，优化劳动力资源配置。

第二，用人单位有过错，有下列情形之一的，劳动者可以解除劳动合同：未按照劳动合同约定提供劳动保护或者劳动条件的；未及时足额支付劳动报酬的；未依法为劳动者缴纳社会保险的；用人单位的规章制度违反法律、法规的规定，损害劳动者权益的；以欺诈、胁迫的手段或者乘人之危，使对方在违背真实意愿的情况下订立或者变更劳动合同致使劳动合同无效的；法律、行政法规规定劳动者可以解除劳动合同的其他情形。用人单位以暴力、威胁或者非法限制人身自由的手段强迫劳动者劳动的，或者用人单位违章指挥、强令冒险作业危及劳动者人身安全的，劳动者可以立即解除劳动合同，不需事先告知用人单位。

（二）用人单位单方面解除劳动合同

用人单位单方面解除劳动合同的情形包括以下几种情况：

第一，劳动者有过错，即劳动者有下列情形之一的，用人单位可以解除劳动合同：在试用期间被证明不符合录用条件的；严重违反用人单位的规章制度的；严重失职，营私舞弊，给用人单位造成重大损害的；劳动者同时与其他用人单位建立劳动关系，对完成本单位的工作任务造成严重影响，或者经用人单位提出，拒不改正的；因《劳动合同法》第二十六条第一款第一项规定的情形致使劳动合同无效的；被依法追究刑事责任的。

第二，劳动者无过错，但有下列情形之一的，用人单位提前 30 日以书面形式通知劳动者本人或者额外支付劳动者一个月工资后，可以解除劳动合同：劳动者患病或者非因工负伤，在规定的医疗期满后不能从事原工作，也不能从事由用人单位另行安排的工作的；劳动者不能胜任工作，经过培训或者调整工作岗位，仍不能胜任工作的；劳动合同订立时所依据的客观情况发生重大变化，致使劳动合同无法履行，经用人单位与劳动者协商，未能就变更劳动合同内容达成协议的。

第三，经济性裁员，有下列情形之一，需要裁减人员 20 人以上或者裁减不足 20 人但占企业职工总数 10% 以上的，用人单位提前 30 日向工会或者全体职工说明情况，听取工会或者职工的意见后，裁减人员方案经向劳动行政部门报告，可以裁减人员：依照企业破产法规定进行重整的；生产经营发生严重困难的；企业转产、重大技术革新或者经营方式调整，经变更劳动合同后，仍需裁减人员的；其他因劳动合同订立时所依据的客观经济情况发生重大变化，致使劳动合同无法履行的。

裁减人员时，应当优先留用下列人员：与本单位订立较长期限的固定期限劳动合同的；与本单位订立无固定期限劳动合同的；家庭无其他就业人员，有需要抚养的老人或者未成年人的。用人单位依照上述第一款规定裁减人员，在 6 个月内重新招用人员的，应当通知被裁减的人员，并在同等条件下优先招用被裁减的人员。

劳动者有下列情形之一的，用人单位不得依照上述第二、第三项的规定解除劳动合同：从事接触职业病危害作业的劳动者未进行离岗前职业健康检查，或者疑似职业病病人在诊断或者医学观察期间的；在本单位患职业病或者因公负伤并被确认丧失或者部分丧失劳动能力的；患病或者非因工负伤，在规定的医疗期内的；女职工在孕期、产期、哺乳期的；在本单位连续工作满 15 年，且距法定退休年龄不足 5 年的；法律、行政法规规定的其他情形。

用人单位单方解除劳动合同，应当事先将理由通知工会。用人单位违反法律、行政法规规定或者劳动合同约定的，工会有权要求用人单位纠正。用人单位应当研究工会的意见，并将处理结果书面通知工会。

九、解除和终止劳动合同时的经济补偿

解除和终止劳动合同，有可能给劳动者造成一定的损失，因此《劳动合同法》（2012 修正）规定有下列情形之一的，用人单位应当向劳动者支付经济补偿：用人单位有过错，劳动者依照《劳动合同法》第三十八条规定单方解除劳动合同的；用人单位依照《劳动合同法》第三十六条规定向劳动者提出解除劳动合同并与劳动者协商一致解除劳动合同的；劳动者无过错，用人单位依照《劳动合同法》第四十条规定单方解除劳动合同的；出现经济性裁员情形时，用人单位依照《劳动合同法》第四十一条第一款规定解除劳动合同的；除用人单位维持或者提高劳动合同约定条件续订劳动

合同，劳动者不同意续订的情形外，依照《劳动合同法》第四十四条第一项规定终止固定期限劳动合同的；依照《劳动合同法》第四十四条第四项（用人单位被依法宣告破产）、第五项规定（用人单位被吊销营业执照、责令关闭、撤销或者用人单位决定提前解散）终止劳动合同的；法律、行政法规规定的其他情形。

经济补偿按劳动者在本单位工作的年限，每满一年支付一个月工资的标准向劳动者支付。6个月以上不满一年的，按一年计算；不满六个月的，向劳动者支付半个月工资的经济补偿。劳动者月工资高于用人单位所在直辖市、设区的市级人民政府公布的本地区上年度职工月平均工资三倍的，向其支付经济补偿的标准按职工月平均工资三倍的数额支付，向其支付经济补偿的年限最高不超过12年。此处所称月工资是指劳动者在劳动合同解除或者终止前12个月的平均工资。

十、违反劳动合同的法律责任

违反劳动合同的法律责任，是指劳动者或用人单位不履行劳动合同义务，或者履行劳动合同义务不符合约定时，所应承担的法律后果。违反劳动合同的法律责任，可以由当事人协商约定，但不得违反《劳动合同法》（2012修正）的强制性规定，否则为无效条款。同时，《劳动合同法》（2012修正）也规定了用人单位和劳动者在违反劳动合同时所应该承担的法律责任。

依据《劳动合同法》（2012修正）的规定，用人单位违反劳动合同的法律责任有以下几方面：

第一，用人单位有下列情形之一的，由劳动行政部门责令限期支付劳动报酬、加班费或者经济补偿；劳动报酬低于当地最低工资标准的，应当支付其差额部分；逾期不支付的，责令用人单位按应付金额50%以上100%

以下的标准向劳动者加付赔偿金，具体包括：未按照劳动合同的约定或者国家规定及时足额支付劳动者劳动报酬的；低于当地最低工资标准支付劳动者工资的；安排加班不支付加班费的；解除或者终止劳动合同，未依法规定向劳动者支付经济补偿的。

第二，用人单位违反《劳动合同法》（2012修正）规定解除或者终止劳动合同的，应当依照《劳动合同法》（2012修正）第四十七条规定的经济补偿标准的两倍向劳动者支付赔偿金。

第三，用人单位有下列情形之一的，依法给予行政处罚；构成犯罪的，依法追究刑事责任；给劳动者造成损害的，应当承担赔偿责任：以暴力、威胁或者非法限制人身自由的手段强迫劳动的；违章指挥或者强令冒险作业危及劳动者人身安全的；侮辱、体罚、殴打、非法搜查或者拘禁劳动者的；劳动条件恶劣、环境污染严重，给劳动者身心健康造成严重损害的。

第四，用人单位违反《劳动合同法》（2012修正）规定未向劳动者出具解除或者终止劳动合同的书面证明，由劳动行政部门责令改正；给劳动者造成损害的，应当承担赔偿责任。

第五，用人单位招用与其他用人单位尚未解除或者终止劳动合同的劳动者，给其他用人单位造成损失的，应当承担连带赔偿责任等。

依据《劳动合同法》（2012修正）的规定，劳动者违反《劳动合同法》（2012修正）规定解除劳动合同，或者违反劳动合同中约定的保密义务或者竞业限制，给用人单位造成损失的，应当承担赔偿责任。另外，劳动合同依照《劳动合同法》（2012修正）第二十六条被确认无效，给对方造成损害的，有过错的一方应当承担赔偿责任。

第二节　劳动者组织与劳动保护

一、劳动者组织

当劳动者与用人单位之间存在利益冲突时，与任何冲突一样，其结果通常有利于拥有更大影响力（权力）的一方。在劳动者与用人单位之间，劳动者显然在绝大多数情况下都处于弱势地位。因此，劳动者为保护自己的利益，必须团结起来，以集体的力量同用人单位讨价还价，保护自身利益。

在劳动关系的发展历史上，工会一直是劳动者组织的主要形式。当整个社会倾向于盲目地追求经济利益，激烈地竞争，资方在政治上的发言权扩大的时候，工会就会经历困难时期。相反，在整个社会风气都在强调人的权利，强调工人阶层的权益应该受到保护，社会风气倾向于限制资方的特权和资本触角的无限膨胀时，工会或者其他劳动者的组织会得到更多的社会支持。近年来，国际社会在整体上向右倾斜，工会的艰难岁月正是这种社会倾向的反映。

在我国，全民所有制企业的劳动者还组织成职工代表大会。作为全民所有制企业重要的机构之一，职代会在这类企业的管理中具有非常重要的作用。本节将简单介绍工会和职代会的基本情况。

（一）工会

在市场经济条件下，劳动者完全处在劳动力市场之中。劳动者寻求工作的形式与劳动力市场的供求状况有很大关系。一般而言，在经济快速增长，劳动力相对短缺的情况下，劳动力市场对雇员是有利的。然而，在多数情况下，雇主具有控制雇用人数的权力以及抵挡来自个人压力的经济实力，并且对劳动力市场有更好的了解。因此，从讨价还价方面来说，雇主的优势大于雇员。企业在对它本身有利的情况下会对雇用条件做出调整。雇员用来抵消资方讨价还价的力量来自雇员联合的产物——工会。

在讨价还价中，工会的作用是代表劳动者的利益，为了维护劳动者的利益，工会还扮演更为复杂的角色，在公众、政府机构中寻求帮助，因此，工会具有一定的政治特性。工会的核心作用是使劳动者联合起来与资方进行集体谈判。

（二）职工代表大会

职工代表大会（以下简称"职代会"）制度是公有制企业中职工实行民主管理的基本形式，是职工通过民主选举，组成职代会，在企业内部行使民主管理权利的一种制度。实行职代会制度是我国国有企业的另一特点。

二、劳动保护

劳动保护是指国家和用人单位为了防止劳动过程中的安全事故，采取各种措施来保护劳动者的生命安全和健康。在劳动生产过程中，存在着各种不安全、不卫生因素，如不采取措施对劳动者加以保护，很可能会发生事故。如矿井作业可能发生瓦斯爆炸、冒顶、水火灾害等事故；建筑施工可能发生高空坠落、物体打击和碰撞等事故。所有这些，都会危害劳动者的安全和健康，妨碍工作的正常进行。国家为了保障劳动者的身体安全和生命健康，通过制定相应的法律和行政法规、规章，规定劳动保护，用人单位也应根据自身的具体情况，规定相应的劳动保护规则，以保证劳动者的安全和健康。

（一）劳动保护的特点

1.劳动保护政策性强

社会主义的性质决定了社会主义国家的劳动保护的出发点首先是保护

劳动者在生产过程中的安全和健康，即保护生产力中的最重要和最活跃的部分。

2. 劳动保护法律较完善

加强劳动保护，改善劳动条件是我国宪法明确规定的，它是社会主义制度下的一种国家立法的体现。党和国家为维护广大职工在生产中的安全和健康，先后颁布了一系列的法律、法规、条例、规程和规定。随着我国由计划经济向社会主义市场经济的过渡，劳动保护的立法得到进一步的充实和完善。

3. 劳动保护技术性强

劳动保护是一门综合性学科，因此在劳动保护的实际工作中，用人单位往往要充分利用已掌握的科学技术，去解决生产实际当中遇到的安全卫生问题，可以说正是由于科学技术的进步，促进了劳动保护的发展。劳动保护工作利用社会科学，解决了如何提高劳动保护管理的问题；劳动保护工作通过科学技术，解决了如何从根本上消除工伤事故和职业病的问题。

4. 劳动保护群众性强

做好劳动保护工作除了依靠管理人员和工程技术人员，更离不开广大的生产第一线的职工。据统计在生产现场发生的事故中 98% 的事故发生在生产第一线。各级工会组织认真贯彻党的方针、政策，把通过各种途径开展群众性的劳动保护工作作为一项重要的任务去抓，并取得了很好的成绩。

（二）劳动保护的主要内容

1. 劳动保护管理

劳动保护管理的主要目的是采取各种组织手段用现代的科学管理方法组织生产，最大限度地避免因人的主观意志和行为造成事故，其主要内容包括以下方面：

第一，为保护劳动者的权利和人身自由不受侵犯，监督企业在录用、调动、辞退、处分、开除工人时，按照国家的法律法规办理。

第二，参与国家及地方政府部门、行业主管部门的劳动保护政策、法律、法规的起草制定，切实做好源头参与工作，同时监督政府部门与行业主管部门认真执行上述法律、法规、规章制度，做好劳动保护工作。

第三，监督企业执行《中华人民共和国劳动法》的有关劳动安全卫生条款，为职工提供符合国家标准的劳动安全卫生条件，保证劳动者的休息权利，监督企业认真执行上下班和休假制度，严禁加班加点。

第四，监督企业不允许招聘使用未成年人。

第五，监督企业执行对女职工的特殊保护规定。

第六，监督并参与重大伤亡事故的调查、登记、统计、分析、研究、处理工作，通过科学的手段对事故的原因进行调查，提出预防事故的意见和建议，防止同类事故的再次发生。

第七，监督并参与劳动保护的政策、法律、法规的宣传教育工作，做好劳动保护基本知识的普及教育工作，加强对企业经营管理者及职工的安全知识教育，增强企业管理者的安全意识，提高职工的安全技术水平。

第八，加强劳动保护基础理论的研究，把先进的科学技术和理论知识应用到劳动保护的具体工作中，通过运用行为科学、人机工程学，使用智能机器人，计算机控制技术等手段逐步实现本质安全。

第九，加强劳动保护经济学的研究，揭示劳动保护与发展生产力的辩证统一关系，用经济学的观点，通过统计分析、经济核算，阐述各类事故造成的经济损失的程度以及加强事故经济投入的科学性、合理性，最终达到促进生产力的良性发展。

第十，进行劳动生理及劳动心理学的研究，研究发生事故时职工的生理状态及心理状态，揭示人的生理及心理变化造成过失的程度，减少诸如冒险蛮干、悲观消极、麻痹大意、侥幸等不良心理和疲劳、恍惚、情绪无常、生物节律作用等生理原因造成的事故，使劳动者以健康的状态和良好的心态从事生产劳动。

2. 安全技术

安全技术是在吸取前人大量的教训基础上逐步发展并不断完善的实用技术。它包括的内容十分广泛，主要有以下方面：机械伤害的预防；物理及化学性灼伤、烧伤、烫伤的防护；电流对人体伤害的预防；各类火灾的消防技术；静电的危害及预防；物理及化学性爆炸的预防；生产过程中各种安全防护装置、保护装置、信号装置、安全警示牌、各种安全控制仪表的安装、各种消防装置的配置等技术；各种压力容器的管理；依照国家有关法律、法规，制定各种安全技术规程并监督企业严格按规程进行施工及作业；进行各种形式的安全检查，制定阶段性的安全技术措施和计划，下拨安全技术经费，保证安全工作的顺利进行；按时按量发放个人防护用品及保健食品，教育职工认真佩戴防护用品。

3. 工业卫生

工业卫生，也被称为劳动卫生或生产卫生，是为防止各种职业性疾病的发生而在技术上、设备上、法律上、组织制度上以及医疗上所采取的一整套措施，其主要研究和解决的是如何保障职工在生产过程中的身体健康问题。其具体内容包括以下方面：在异常气候环境下对劳动者健康的保护；在异常气压作业条件下对劳动者健康的保护；在具有各种放射性物质的环境下对人体健康的保护；对抗高频、微波、紫外线、激光等的防护技术；对抗噪声的防护技术；对抗震动的防护技术；工业防尘技术；预防各种毒物对人体造成的急性或慢性中毒；为改善劳动条件，保护劳动者的视力合理设计的照明和采光条件；预防各种细菌和寄生虫对劳动者健康的危害；研究对各种职业性肿瘤的预防及治疗；研究各种疲劳及劳损对劳动者身体的危害及其防治；监督企业按照国家颁布的《工业企业设计卫生标准》进行各种工业设计、施工、改建、扩建、大修、技术革新和技术改造等；普及劳动卫生知识，加强对劳动卫生专业人员的培养以及做好职工个人防护和保健工作。

第三节　劳动协商、谈判和争议

一、劳动协商和谈判

由于历史、经济等原因，在不同的产业和企业，劳资协商和谈判表现出很大的差异性。例如，有一些行业运用的是大公司和产业工会之间的国家级谈判，而有一些行业则采用按公司进行的谈判或者地方性的谈判。还有部分极端的情况，如通用汽车公司与汽车工人联合会达成的一项协议，可以覆盖几十万名加入该工会的工人；建筑行业工会与他们的雇主通过区域性的谈判方式达成了大约 6000 项协议，覆盖了 150 万名工人。同时，非营利性组织在经济生活中也扮演着非常重要的角色，这些部门拥有几百万雇员，并且这些雇员大多是工会会员，其中的谈判结构也不尽相同。

应逐步建立和完善劳动协商谈判制度，以确保企业和职工双方的权益均受到尊重，使所有的企业经营者同所有的职工群众之间，形成一种民主的新型工资分配协调机制，使企业内部分配关系实现协调发展，从而调动、发挥、保护职工群众的劳动积极性。例如，集体谈判能够帮助解决部分企业中存在的侵犯劳动者权益的问题。

在目前的社会环境下，可以考虑以企业内部劳动协商谈判为主。谈判的一方是工会，另一方是企业经营者，双方各自选派名额对等的代表。劳动协商谈判会议是双方进行磋商的主要形式，每年或每半年召开一次，会议主席由双方轮流担任。协商谈判的内容包括职工工资福利增长幅度，工资结构如基本工资、奖金、补贴结构，工资的年龄结构，工资的岗位结构等。双方达成的协议主要由企业管理部门负责履行，由工会（或职代会）监督企业管理者的履行情况。

随着市场经济的发展，企业内部劳动协商谈判解决的劳动关系问题的范围也应逐步扩大，诸如用工与辞退工人、工作时间及休假、补充保险与职工福利、劳动保护等，都应纳入协商谈判的议程。

二、解决劳动争议的途径和方法

劳动争议是指劳动关系当事人之间就劳动权利问题发生分歧而引起的争议。在劳动关系的发展中，劳动关系各方出现矛盾是不可避免的。正确地处理劳动争议，是维护和谐的劳动关系，发挥人力资源潜力的重要举措。

劳动争议可以通过调解、仲裁或法院判决来解决。这三种途径对应的组织部门是劳动争议调解委员会、劳动争议仲裁委员会和人民法院。解决劳动争议需要遵循三个原则：第一，着重调解，及时处理；第二，在查清事实的基础上，依法处理；第三，当事人在法律上一律平等。

2004 年，全国各级劳动争议仲裁委员会立案受理劳动争议案件 26 万件，涉及劳动者 76 万人；其中，集体劳动争议案件 1.9 万件。全年各级劳动争议仲裁委员会审理结案 25.9 万件。到了 2009 年，各级劳动人事争议仲裁机构共立案受理劳动争议案件 68.4 万件，涉及劳动者 101.7 万人；其中，集体劳动争议案件 1.4 万件。全年各级劳动争议仲裁委员会审理结案 67 万件。近几年，这些数字较前几年都有所上涨。从这些数字来看，我国劳动争议问题的形势不容乐观。

（一）通过劳动争议调解委员会进行调解

劳动争议处理条例规定，用人单位内部可以设立劳动争议调解委员会。劳动争议调解委员会由职工代表、用人单位代表、工会代表三方组成。在企业中，职工代表由职工代表大会（或职工大会）推举产生；企业代表由企业管理层指定；企业工会代表由企业工会委员会指定；调解委员会组成人员的具体人数由职代会提出并与厂长（经理）协商确定，企业代表的人数不得超过调解委员会成员人数的 1/3 ；调解委员会主任由企业工会代表担任，其办事机构设在企业工会委员会。

劳动争议调解委员会进行的调解活动是群众自我管理、自我教育的活动，具有群众性和非诉性的特点。调解委员会调解劳动争议应当遵循当事人双方自愿原则，经调解达成协议的，制作调解协议书，双方当事人应当自觉履行；调解不成的，当事人在规定的期限内，可以向劳动争议仲裁委员会申请仲裁。

劳动争议调解委员会调解劳动争议的步骤如下：

申请。申请是指劳动争议当事人以口头或书面方式向本单位劳动争议调解委员会提出调解的请求，是自愿的申请。

受理。受理是指劳动争议调解委员会接到当事人的调解申请后，经过审查，决定接受申请的过程。受理包括三个过程；第一，审查发生争议的事项是否属于劳动争议，只有属于劳动争议的申请才能被受理。第二，通知并询问一方当事人是否愿意接受调解，只有双方当事人都同意调解，该申请才能被受理。第三，劳动争议调解委员会决定受理申请后，应及时通知当事人做好准备，并告知当事人调解时间、地点等事宜。

调查。通过深入调查研究，了解情况，掌握证据材料，弄清争议的原委以及调解争议的法律政策依据等。

调解。调解委员会召开准备会，统一认识，提出调解意见；找双方当事人谈话；召开调解会议。

制作调解协议书。经过调解，双方达成协议，由调解委员会制作调解协议书。

实践证明，劳动争议案件调解成功的比率并不高。全国的劳动争议案件的调解率仅为 24.7%，远远低于全国民事案件 60% 的调解率与撤案率。造成这种现象的原因，部分来源于双方冲突的尖锐，毫不让步，还有双方将目光集中在冲突本身而不是根本利益。在劳动争议的调解过程中，调解委员会一定要找出双方冲突的根本原因，从双方的根本利益着手，而不是从冲突的立场上入手让双方进行简单的让步。帮助冲突双方充分认清各自的利益，有助于找到解决冲突的方法。

（二）通过劳动争议仲裁委员会进行裁决

劳动争议仲裁委员会是依法成立的、独立行使劳动争议仲裁权的劳动争议处理机构，它以县、市、市辖区为单位，负责处理本地区发生的劳动争议。世界各国对于劳动争议的处理虽因各国国情的不同而有所区别，但以仲裁解决劳动争议的方式则为世界各国所普遍采用。

在我国，劳动争议仲裁委员会由劳动行政主管部门、同级工会、用人单位三方代表组成，劳动争议仲裁委员会主任由劳动行政主管部门的负责人担任。劳动行政主管部门的劳动争议处理机构为仲裁委员会的办事机构，负责处理仲裁委员会的日常事务。劳动争议仲裁委员会是一个带有司法性质的行政执行机关，其生效的仲裁决定书和调解书具有法律强制力。

劳动争议仲裁一般分为以下五个步骤：

受理案件阶段，即当事人申请和委员会受理阶段。当事人应在争议发生之日起 60 日内向仲裁委员会递交书面申请，委员会应当自收到申请书之日起 7 日内做出受理或不予受理的决定。

调查取证阶段。此阶段的工作分三个步骤；第一，拟定调查提纲；第二，有针对性地进行调查取证工作；第三，审查证据，去伪求真。

调解阶段。调解必须遵循自愿、合法的原则。调解书具有法律效力。

裁决阶段。调解无效即实行裁决。

执行阶段。落实裁决结果，使各方利益符合裁决的规定。

按照劳动争议处理条例的规定，当事人对仲裁裁决有异议的，自收到裁决书之日起 15 日内，可以向人民法院起诉；期满不起诉的，裁决书即发生法律效力。当事人应当依照规定的期限履行发生法律效力的调解书和裁决书。一方当事人逾期不履行的，另一方当事人可以向人民法院申请强制执行。

按照国际上通行的原则，仲裁有三种形式：传统仲裁、"一揽子"方案以及逐项选用。所有的形式都要求争议双方向仲裁者陈述各自的立场，即冲突解决方案，并要提供详尽的支持，以证明自己的解决方案是合理的。仲裁者要向冲突双方询问有关问题，甚至允许双方辩论。在传统仲裁中，仲裁者独立地做出关于所有争议事项的仲裁结论；在"一揽子"方案仲裁中，仲裁者通过听取双方陈述并通过询问等方式来了解情况，然后选用争议双方中某一方的解决方案；在逐项选用的仲裁过程中，仲裁者在要求冲突双方明确争议事项并充分了解情况后，逐项选择两方的解决方案，选择的选项加在一起就构成了最终的解决方案。不同的仲裁方法，冲突双方的战略、对冲突双方造成的利益影响以及对仲裁者的要求是不同的。

（三）通过人民法院处理劳动争议

人民法院只处理如下范围内的劳动争议案件：

争议事项范围。因履行和解除劳动合同发生的争议，因执行国家有关工资、保险、福利、培训、劳动保护的规定发生的争议，法律规定由人民法院处理的其他劳动争议。

企业范围。国有企业、县（区）属以上城镇集体所有制企业、乡镇企业、私营企业、"三资"企业。

职工范围。与上述企业形成劳动关系的劳动者；经劳动行政机关批准录用并已签订劳动合同的临时工、季节工、农民工；依据有关法律、法规的规定，可以参照本法处理的其他职工。

人民法院受理劳动争议案件的条件如下：劳动关系当事人之间的劳动争议，必须先经过劳动争议仲裁委员会仲裁，且必须是在接到仲裁决定书之日起 15 日内向人民法院起诉，超过 15 日，人民法院不予受理。属于受诉人民法院管辖。

第九章 人力资源管理职能优化探析

第一节 人力资源外包

一、人力资源外包概述

（一）人力资源外包的概念

1990 年，加里·哈默尔和普拉哈拉德在《哈佛商业评论》上发表了一篇题为《公司的核心竞争力》的文章，首次提出"外包"这个词。"外包"是指企业将某项业务工作的部分或全部，交给专门从事这项工作的外部服务商来完成的行为。传统的外包形式主要是指信息技术资源外包。随着外包行业的发展，企业将外包扩大到生产、销售、开发、物流、人力资源等生产过程。

所谓人力资源外包，是指企业依据自身的发展需要，将其一项或几项人力资源管理工作或职能部分或全部外包给服务商，以降低人力成本、实现效率最大化的一种行为。人力资源外包涉及企业内部所有人事业务，其包括人力资源规划、制度设计与创新、流程整合、员工满意度调查、薪酬调查及方案设计、培训工作、劳动仲裁、员工关系、企业文化设计等方方面面。

正式的人力资源外包过程应当包含的要素有：企业有外包项目需求说明；服务商有外包项目计划书；外包双方经协商达成正式协议合同；服务商根据协议和合同规定的内容完成所承接的活动，企业按照协议合同规定的收费标准和方式付费；外包双方中的任何一方违反协议或合同规定，外包关系即终止；企业如果对服务商的服务不满意并可以用相应事实给予证明，可以提出外包关系终止的要求。

外包服务商是按照外包双方签订的协议和项目计划书为外包方提供相应服务的机构或组织。其主要包括大型会计师事务所、管理咨询顾问公司、人力资源服务机构、高级管理人才寻访机构等。目前，它们通常提供单项人力资源职能服务，也有少数服务商提供全套人力资源职能服务。

（二）人力资源外包的原因

1. 人力资源的社会化分工

知识经济的兴起和人力资源管理专业化程度的提高，导致人力资源管理出现了较明确的社会分工，而人力资源外包正是这种背景下的社会分工的体现。伴随着人力资源管理技术的进步和人力资源管理理论的发展，人力资源管理慢慢地成为一种高度专业化的技能，人力资源服务成为一种可以在市场上进行交易的知识产品。企业没有必要在非核心的传统性人事业务上花费较长的时间和较多的精力，可以直接在市场上寻找到优质的人力资源服务商。

2. 降低成本

成本是企业生存与发展过程中最不能忽视的一个关注点，所有的企业都是以最小的成本创造最大的利润为目的。企业的一大部分成本都用于人力资源管理活动，如招募、选拔、培训等工作；如果将这些工作外包出去给专业的服务商，更能节约成本，同时人力资源外包可以降低一些事务性工作的损失。此外，人力资源外包还会带来企业人员的精简和办公场地成本的降低。因此，人力资源活动的外包成为企业摆脱巨大成本压力的必然选择。

3. 集中精力关注核心竞争优势业务

人力资源管理事务性工作通常占据人力资源管理活动的 60% ~ 76%，然而决定企业未来发展的人力资源管理活动只占据 30% 左右，60% 的事务性工作占据了人力资源管理部门的大量精力和时间。如果把这些非核心的事务性管理工作外包给服务商，人力资源部门就可以将全部精力投入核心业务中，集中精力参与企业高层的战略规划，使企业在集中优势资源关注核心竞争业务提升的同时没有后顾之忧。

4. 获取专家服务并吸纳人才

专业的人力资源外包服务商往往比企业拥有更专业的专家，实施人力资源管理外包后，企业能够寻求专家意见，让具有专业经验的服务机构提供专业指导，得到工作效率更高的服务。这些外包服务商拥有丰富的理论知识和实践经验，对本专业有着深入的理解，他们不仅能够根据合约完成相应的任务，而且还会将先进的管理理念引入企业，提升企业的人力资源管理水平，从而吸引优秀的人才加入，降低企业人才的流失率。

5. 精简组织机构，实现部门内扁平化

部分或全部人力资源管理事务的外包必然会导致人力资源管理部门的人员和组织层级的精简。部门层级的压缩会使信息的传递加速，从而避免了信息在传递过程中失真现象的发生。人员精简的结果是增强部门成员的交流与合作，促进隐性知识向显性知识转化。部门内部扁平化的实现，有效地解决了部门信息的共享以及资源的合理分配，使工作效率得到提高。

（三）人力资源外包的缺点

其一，如果企业规划和分析不充分、与服务商的合同条款不全、与外包方合作关系基础不好或后期维护不力、服务商的能力不足，这些都可能导致外包达不到企业预期的目标，甚至给企业造成重大人力和物力损失。

其二，将人力资源职能外包给服务商后，企业面临失去对日常人力资源管理活动的控制，以及与企业员工沟通、互动的某些途径，影响企业文

化氛围。

其三，在长期将人力资源职能外包出去的情况下，企业现有部分人力资源工作人员因为工作冲突会面临失去工作的可能，导致企业人才流失。

其四，如果外包服务商选择不好，可能影响企业内部员工的士气，降低员工工作效率。

其五，如果服务商在开展人力资源活动的时候，企业不对其守法状况进行严格控制，企业会面临有关人力资源活动的诉讼甚至巨额赔偿风险。

其六，企业有时还需要聘请有经验的法律人员等作为外包顾问，这也会导致企业成本增加。

其七，外包可能导致企业内部人力资源部门丧失能力。

二、人力资源外包的实施

（一）人力资源外包方式

企业应该结合自身的实际，根据自己面临的内外环境因素及其变化趋势等来选择合适有效的人力资源外包方式。人力资源外包有以下四种基本方式可供企业选择。

1. 人力资源职能整体外包

整体外包是指企业将全部职能外包给服务商去完成的外包方式。这种外包方式要求人力资源管理服务商有很全面的系统管理能力，而且企业内部员工的沟通、协调工作量会很大。因为这种外包方式的人力资源活动不仅规模大，而且复杂程度高，所以对于中型和大型企业来说可能会有问题。虽然整体外包可能是该行业在未来发展中的一个重要方向，但鉴于国内外包服务商的能力以及企业对外包活动的控制力还存在问题，因此目前中型和大型企业实行整体人力资源外包是不可行的，但是未来必定成为现实。而对于小型企业来说，人力资源职能整体外包则比较容易，因为它们的人力资源职能相对简单，企业内部员工沟通也相对容易。

2. 人力资源职能部分外包

部分外包是指企业将部分人力资源职能外包给服务商去完成的外包方式，是目前企业最普遍采用的方式。企业结合自己的实际情况和需求，将特定人力资源活动外包出去，如人员配置、薪酬发放、福利管理等，其他部分的人力资源活动继续由本企业人力资源管理部门负责。这种外包方式更容易达到外包目的。

3. 人力资源职能人员外包

人力资源职能人员外包是指企业保留所有人力资源职能，但让一个外部服务商来提供维持企业内部人力资源职能运作的人员。这种方式可以算是一种员工租赁。采用这类方式的企业常常把内部的人力资源工作人员雇佣给服务商。

4. 分时外包

分时外包是指企业将人力资源职能分时间段外包给服务商。有些企业根据经营需要，不同时期需要的技术人员和设备也会不同，所以企业需要分时段地选择服务商来为企业提供不同技术人员和设备。例如，建筑行业在建设工程的不同时段所需要的技术人员不同，因此可以采取此种外包模式选择木工、钢筋工、泥工、装饰工等。

（二）人力资源外包的程序

在人力资源外包决策和实施过程中，企业需要考虑一系列问题，采取有效手段，保证合理决策和正确执行。

1. 明确人力资源外包目标

成功的人力资源外包方案始于清晰的短期目标和长期目标。为了保证决策的正确性，企业可以组建一个由来自企业内部不同职能部门（如人力资源、财务、税务或法律）的人员组成的人力资源外包委员会，负责界定、审核人力资源外包计划，确保人力资源外包目标与企业战略协调一致，从战略的高度确定人力资源外包的方向和思路。

在确定了企业人力资源外包目标的基础上，企业还要根据战略要求和人力资源发展的实际需要，判断哪些内容适合外包，哪些工作不适合外包，选择适合自身的外包项目。企业要根据现有资源及实际需要，选择适合自己的外包方式，以保证人力资源外包工作顺利进行。

人力资源外包委员会在做人力资源职能外包决策的时候，还要对外包的成本以及可能的投资回报进行一次完整的成本效益分析。在人力资源活动外包方面，比较常见的一种成本效益衡量方式是：核算现有工作人员完成某特定活动的成本（包括薪资、福利、办公空间、电话、计算机设备、办公用品等），再将此成本与该活动外包的成本进行比较。

2. 进行研究和规划

企业透彻地研究拟外包的人力资源职能领域非常重要，因为每个领域都有其特有的一系列机遇和风险。企业要研究的三个重要因素是企业内部能力、外部服务商的可获得性以及成本效益分析。在着手实施外包之前，要仔细调查潜在的服务商市场，认清外包不是一种产品，也不是一种流程。企业任何人力资源方面的问题都不会因为将那些事情委托给第三方就消失了。在提供服务的过程中，服务商的问题就是企业自己的问题，反之亦然。外包是一种合作关系，它要求发包与承包双方保持沟通和配合。因此，从产生外包念头开始，直到整个外包项目实施过程的各个环节，企业都应当进行深入的研究和完善的规划。

在进行人力资源活动外包研究和规划后，接下来企业一方面要根据目标制订完善的外包计划和方案。企业在外包前，要将所要外包的职能进行细分，列出每一步的细节并给出预算成本。另一方面要确定外包各阶段的时间表。这种时间表为企业设定了一个时间线路，引导人力资源外包工作达到启动目标。这个时间表也可以随着企业的变化而修改。为了保证外包职能的顺利交接，所有参与制订和执行这个时间计划的人都应当提供意见。

3. 选择合适的外包服务商

企业可以通过竞标、中介等各种形式选择服务商，无论哪种形式都必须确保是根据企业的实际情况选择的服务商。外包服务商一般分为三类：第一类是普通的中介咨询机构。它们从事的业务范围比较广，人力资源管理承包仅仅是它们诸多业务中的一项。企业可以把人力资源管理的某项工作交给他们去做。第二类是专业人才或人力资源服务机构，如快递公司、猎头公司。第三类是高等院校、科研院所。企业可就一些专业性强的问题向它们寻求帮助。

企业在选择外包服务商时应从以下三个方面来考虑：一是外包价格。人力资源外包要考虑服务的价格，因为人力资源管理的某项工作外包以后，企业必须承担一定的外包成本。如果成本过高，甚至高于由企业内部自己承担业务的成本，那就没有必要实施外包。二是服务商的信誉和质量。企业在选择外包服务商时，必须确认其可靠性，因为这将对整个工作的完成以及企业的发展起到决定性的作用。比如，薪酬管理外包就是最典型的例子。薪酬管理属于商业机密，一旦泄露给竞争对手，必将对企业产生极其不利的影响。因此，企业在为涉及企业机密、员工满意度、工作流程等敏感性人力资源管理工作选择服务机构时，必须确信其可靠性。三是企业还要根据本企业人力资源管理工作量的大小，综合考虑服务机构的各方面条件和能力，选择适合于本企业的服务机构。一旦选定，则应制订长远的合作计划。最好是请熟悉的或过去曾经合作过的服务商提出计划书。

4. 签订一份完善的合同

企业要认真研究相关的法律，根据双方实际情况制定一份详细体现对服务商要求的合同书。企业最好拥有不满意随时取消合同的权利。企业必须用具有法律效力的外包合同来约束服务商的行为。外包合同是维护双方权利和义务的可靠凭证，也是外包成功的必要条件。企业要对外包工作的关键部分进行有效控制。开始时企业对外包服务商的某些工作可能不适应，这时要加强双方的沟通与协调，增进相互了解，以避免人力管理工作中出现偏差或失误。企业人力资源部门要分析问题是短期的还是长期的，要从长远的角度评价企业的外包工作，也可以根据具体的情况设计一定的激励措施，以加强双方的合作，并由此实现风险的分担。在正式签订合同前，必须请有经验的律师对合同的所有条款进行最后一次审查。

5. 加强沟通

沟通是使外包项目取得成功的至关重要的因素之一。企业在具体实施人力资源活动外包之前，应当特别注意内部人力资源职能人员。他们知道企业在考虑某些人力资源职能外包出去之后，自然会为自己的工作而担心，尤其是那些有抱负仍留在本部门的员工会觉得自己的晋升机会受到了很大的限制。所以，企业应当加强对外包必要性的宣传，重视开展与管理者及员工的沟通工作，让员工了解他们在人力资源外包中扮演的角色，消除猜疑和不满，赢得员工的支持，并鼓励他们参与外包项目。通过沟通，员工相信企业会帮助他们更好地发挥一线员工的积极作用。必须设计有效的沟通方法。例如，面对面的沟通、书面沟通、召开全体大会、发布公告、电子邮件、企业内联网等，都是有效的沟通方式。要根据沟通的对象、内容，确定沟通的方式、范围等。

6. 维护好与服务商的合作关系

为了使人力资源职能外包项目取得成功，在整个合同执行期间，企业与外包方都必须花时间建立和维护良好的工作关系。在企业与外包服务商的合作过程中，外包服务商在开展业务时会因为不熟悉业务和人员而需要企业各部门及时提供信息，而企业的业务发展也离不开外包服务商。例如，企业管理层应指定专门的人参与外包项目，并作为交流的"中介"与外包服务商沟通，以此强化外包服务商与内部员工的沟通。这样可以让外包服务商更快、更充分地了解企业环境、人员和企业文化，真正融入企业中，尽早发现问题，并根据实际情况采取因地制宜的措施解决问题。双方应建立起双赢的合作关系，共同把工作做好。

7. 监控和评价服务商的工作绩效

企业应该在最初与外包服务商签订合同时，针对沟通双方期望达到的绩效水平建立衡量标准，以此作为依据来评价外包服务商所提供服务的质量。企业要按照合同中的要求，定期对外包项目执行情况进行检查，并审查外包合同的履行情况，将发现的问题及时反馈给外包服务商，促使人力资源外包工作以良好的态势不断向纵深层次发展。

外包评估与控制是降低人力资源外包风险的重要手段。企业应该对外包进行定量分析与评估，预测风险发生的概率及损失的大小，并在此基础上提出可行方案，从而达到控制风险的目的。也可以对人力资源外包的成果进行阶段性验收，找出外包服务商的不良工作表现，及时发现风险并加以控制。

8. 解除与服务商的合作关系

企业将人力资源外包的同时，将在服务商那里建立数据库。当企业要解除与服务商之间的合作关系时，就会涉及如何处理与服务商的关系以及如何避免企业人力资源信息泄露等问题。在结束外包项目的过程中，企业要处理好外包带来的一系列相关问题：管理者要谨慎地解除与服务商的合作关系，终止外包合同并把有关信息整理记录，备案归档，避免企业信息因服务商的退出而流失，防止机密信息泄露带来的风险和损失。同时，企业要培养员工不断学习的能力，以提高适应能力与自主防范能力，避免过分依赖外包服务，并确保在解除外包关系之后能够及时有效地继续开展人力资源管理工作。

三、人力资源外包的发展趋势

20 世纪 90 年代以来，人力资源外包呈现以下发展趋势。

（一）人力资源外包领域逐渐扩展

企业在开始实行人力资源外包时，通常只外包一两项人力资源职能或某一职能中的一两个活动给人力资源服务商。由于人员缩减能得到越来越好的成本效益，于是企业越来越愿意将更多的人力资源职能外包给服务商。与此同时，伴随着人力资源外包服务商能力的提升，它们提供的服务项目的范围也在不断扩大，人力资源外包从最开始的培训活动、福利管理等人力资源活动的外包，发展到今天的人员招聘、工资发放、薪酬方案设计、国际外派人员服务、人员重置、人才租赁、保险福利管理、员工培训与开发、继任计划、员工援助计划等更多方面的人力资源活动外包。

（二）企业聘用外包顾问进行外包工作

人力资源外包的市场需求越来越多，在这种背景下，越来越多的服务商也应运而生，而且大多数服务商能提供合理的价格给企业并完成相应的服务。面对如此多的服务商，企业常常感到难以抉择。于是企业内部需要有人力资源外包方面的专家，这种专家对于有效处理外包项目又是必需的，然而很少企业有人力资源外包专家。于是企业再一次向服务商寻求帮助，寻找具有特定外包专业知识的专家来帮助企业进行外包项目的分析、谈判和决策，以及部分外包过程的管理。

（三）外包服务商结成联盟

由于人力资源外包服务长期被分割成许多业务，成千上万的顾问和比较小的咨询服务公司都在提供一定范围的人力资源职能外包服务，于是大型会计事务咨询公司和大型福利咨询公司就会不断联合，从而增加自身实力。在联合前，中型或大型企业想将多个或全部人力资源职能外包出去需要好几个服务商，这往往会使其整个人力资源职能外包过程变得复杂，工作更低效。在整个20世纪90年代，企业人力资源外包给服务商的活动集中在福利保险管理职能；到90年代末，企业对福利保险管理外包服务的需求迅速增加，给福利咨询领域带来了一场并购浪潮。

（四）人力资源外包成为企业的一种竞争战略

今天，企业高层管理人员最关注的问题是企业的竞争优势。企业在发展过程中，为了获得市场竞争优势，不得不进行战略创新，力图使有限的人力资源聚焦于核心项目。人力资源外包正是这种创新背景下的产物之一，其目的是让企业内部有限的人力资源聚焦于直接创造价值的战略活动，提高人力资源服务的附加价值。

人力资源服务是一种企业全体员工和业务管理人员共同完成的服务。企业高级人力资源管理人员和专业管理人员正在接受挑战，要重建核心能力，帮助企业制订和实施解决战略问题的人力资源方案。此外，人力资源部门逐渐成为以客户为中心的部门，提供更有价值的服务。人力资源外包，特别是在企业与人力资源服务商形成良好合作伙伴关系的情况下，成为企业内部人力资源工作的核心能力。因此，它正在成为企业的一种竞争战略。

（五）人力资源外包服务向全球化方向发展

经过大规模并购重组而产生的大型人力资源服务商将人力资源职能外包市场扩大到全球范围，其服务对象扩大到国际型、全球型的大企业。为此，它们在全球开设分支机构，密切关注国际企业的战略规划与人力资源管理体制改革，积极开发全球人力资源解决方案。许多专家认为，人力资源外包全球化是目前人力资源外包领域最有前景的发展方向，它将影响企业人力资源职能外包的发展。

第二节　数字化人力资源管理

一、数字化人力资源管理概述

（一）数字化人力资源管理概念

在 21 世纪，随着时代的进步和互联网的高速发展，人类将全面迎来电子信息化时代。在这种时代背景下，人力资源管理也发生了变革，同时促进了电子信息技术和人力资源管理共同发展，于是产生了一种新的人力资源管理模式——电子化人力资源管理。

所谓电子化人力资源管理是指基于先进的软件和高速、大容量的硬件，通过集中式信息库、自动处理信息、员工参与服务、外协及服务共享，管理流程电子化，达到降低成本、提高效率、改进员工服务模式的目的。简单地说，电子化人力资源管理就是指企业利用计算机技术和互联网来代替人力资源管理部门，实现人力资源管理的部分职能，它通过企业现有网络技术，保证人力资源管理随着日新月异的技术环境发展而发展。

（二）电子化人力资源管理的优点

相对传统人工操作的人力资源管理而言，电子化人力资源管理有许多优势。

首先，电子化人力资源管理充分发挥互联网的优势，很大程度上提高了人员管理的工作效率，降低了企业管理成本。

其次，通过电子化人力资源管理，人力资源管理工作更透明、更客观，人力资源管理重心也因此可以往下移动。这在传统的人力资源管理模式下是不可能办到的。因为电子化人力资源管理常常是集中数据管理、分布式应用，通过采用全面的网络工作模式，可以实现信息的全面共享。这样一来，它使人力资源管理部门的工作可以跨时间、跨地域进行，公司的人力资源管理也因此保持了高度的统一性和连贯性。

在实际操作过程中，虽然越来越多的人力资源管理活动将委托给经理来实施，但人力资源管理体系的建立、人力资源管理活动的计划、管理过程的监控以及管理结果的汇总与分析都需要人力资源部门统一来完成。因此，对人力资源部门而言，除了负责电子化人力资源管理平台的系统管理之外，更多的是通过电子化人力资源管理平台来进行人力资源管理活动的计划、监控与分析，而不是进行大量的数据维护，因为数据维护的工作经授权后将逐渐由经理与员工分担完成。当然，出于管理的需要，类似于薪酬管理这样的职能，很多企业还将以人力资源部门为主来完成。

对CEO而言，电子化人力资源管理首先是人力资源信息查询与决策支持的平台。CEO能不通过人力资源管理部门的帮助，自助式地获取企业人力资源的状态信息。在条件允许的情况下，CEO还能获得各种辅助其进行决策的人力资源经营指标。其次，利用电子化人力资源管理平台，当某个人力资源管理活动的流程到达CEO处时，CEO还可以在网上直接进行处理。对经理来讲，电子化人力资源管理是其参与人力资源管理活动的工作平台。通过这个平台，经理可在授权范围内在线查看所有下属员工的人事信息，向人力资源部提交招聘、培训计划，对员工的转正、培训、请假、休假、离职等流程进行审批，并能在线对员工进行绩效管理。员工利用电子化人力资源管理平台，可在线查看企业规章制度、组织结构、重要人员信息、内部招聘信息、个人当月薪资及薪资历史情况、个人福利累计情况、个人考勤休假情况，注册内部培训课程，提交请假/休假申请，更改个人数据，进行个人绩效管理，与人力资源管理部门进行电子化的沟通等。

（三）电子化人力资源管理的价值

1. 显著提高人力资源管理的效率

人力资源管理业务流程包括大量事务性、程序性的工作，如员工招聘、人员培训、薪酬福利、绩效考评、激励、沟通、退职、退休等。这些工作都可以借助电子信息技术的应用，通过授权员工进行自助服务、外协及服务共享等，这样既可以实现无纸化办公，又可以大大节省费用和时间，显著提高工作效率，使人力资源管理者从烦琐的行政事务中摆脱出来，投入核心事务中。

2. 更好地适应员工自主发展的需要

知识型员工十分注重个性化的人力资源自身规划，需要对自身的职业生涯计划、薪酬福利计划、激励措施等有更多的决策自主权。网络的交互性、动态性可以使人力资源管理部门根据个人的需求和特长进行工作安排、学习、培训和激励，让员工实施自我管理成为可能，使其能更加自主地把握自己的前途。

3. 加强公司内部沟通以及与外部业务伙伴的联系

随着公司规模的不断扩大，公司各部门之间、员工之间、公司与外部业务伙伴之间很难进行高效的沟通，但在市场竞争如此激烈的环境下，全方位的沟通极为必要。网络不但可以成为公司员工之间的纽带，帮助他们克服工作时间不同、部门不同、工作地点不同的障碍，促进他们之间相互了解和沟通，同时还可促使企业与外部业务伙伴在人才、技术、知识等方面的资源共享，提高适应市场的能力。

4. 有力促进企业电子商务的发展

电子商务的发展依赖人力资源管理的不断完善，在电子化人力资源管理中，职位空缺公布、专家搜寻、雇员培训与支持、远程学习等将变得更为高效。与此同时，电子化人力资源管理为建立虚拟组织并实现虚拟化管理，建立知识管理系统，创建学习型组织，提供了极为有利的条件。

5. 提高企业人力资源管理水平

电子化人力资源管理通过应用计算机网络和数据库，让企业的人力资源管理变得更为科学，人才配置更为合理，同时使得人力资源管理更为公正、透明。有关人力资源管理方面的各种政策、规定也将因员工广泛参与而变得更加实际、可行，这有助于提高企业人力资源开发水平。

二、人力资源管理信息系统

（一）人力资源管理信息系统的主要功能

1. 人事管理

人力资源管理信息系统的雇员数据具有广泛的适用性，无论是只有几百人的小企业还是有几万名员工的跨国公司，都可以将不同国家和不同地区具有特殊要求的雇员数据集中存储在一个系统中。同时，用户还可以根据自身的需求增加信息类型。针对一些重要的文件和照片可以通过文档链接进入系统。因为该系统具有强大的报表功能，所以可以满足用户的各种需要，选择不同的报表格式输出。

2. 人力资源规划的辅助决策

在现代化企业管理过程中必然会面临着频繁的人事变动和企业重组，企业的管理者可以运用人力资源管理信息系统编制本企业的人员结构及组织结构规划方案。该系统可以自动模拟、评估和比较各种方案的优势与不足，产生各种方案的结果数据，并通过图形的方式非常直观地呈现出来，这有利于企业管理者做出最终的决策，使企业在激烈的市场竞争中立于不败之地。除此之外，人力资源规划管理系统还可以制定职务模型，包括职位要求、升迁路径和培训计划。面对担任不同职位的员工，系统会提出针对本员工的一系列培训建议。如果机构改组或职位变动，系统会提出一系列的职位变动和升迁建议，以上规划一旦被确认，现有结构就会被替换。

3. 时间管理

时间管理包括以下方面：根据本国和当地的日历，灵活安排企业的运作时间以及作息时间表；对员工加班、轮班、员工假期以及员工作业顶替等做出一套周密的安排；运用远端考勤系统，将员工的实际出勤情况记录到主系统中，与员工薪资、奖金有关的时间数据会在薪资系统和成本核算中做进一步处理。时间管理可以支持人力资源管理信息系统的规划、控制和管理工作。

4. 人事考勤管理

员工是企业的重要组成部分。合理地管理、有效地安排员工的工作时间和公平的报酬是激发员工积极性、形成完美的工作团队、发挥个人最大潜能的前提条件，而人事考勤管理组件就可以提供这样一个优秀的管理平台。

人事考勤管理组件是人力资源管理信息系统的主要组成部分，其分为"员工个人资料"和"出勤考核管理"两个部分。

"员工个人资料"主要用于管理员工的一些个人资料。该组件不仅可以快速地了解员工们现在的基本情况，还可以了解他们的成长过程；支持多种职称类别并存，可以更合理地管理公司的员工，激发他们的工作积极性。除此之外，该平台还可以量化员工的工作能力，用图表呈现出来，更有效地提供有关员工能力的报表，更公平地分配员工的报酬，这也让员工群组之间可以更有效地完成各项复杂任务，节省宝贵的时间。

"出勤考核管理"主要用来管理员工日常上下班的考勤状况，并提供明细和年汇总资料。考勤区间设置可以随意按照公司需要安排考勤时间。对各种单据进行管理，使以往的事情有据可查。

5. 薪资核算管理

薪资政策对于公司的发展来说，是一个重要组成部分。制定适当灵活的薪资政策尤为重要，它不但可以提高公司在人力资源方面的竞争力，还能提高公司整体的竞争力。"薪资管理"组件将是公司制定适当灵活薪资政策的一个好帮手。

灵活、高效的薪资系统能根据公司跨地区、跨部门、跨工种的不同，制定不同薪资结构和处理流程，以及与之相适应的薪资核算方法。该组件与时间管理直接集成，减少了人为因素的介入，消除了接口中存在的问题。不仅可以自动提供工资的各项扣减、员工贷款等功能，还具有强大的汇算功能。当薪资核算过程结束以后，员工有关上一薪资核算期的主数据会发生变化，而在下一薪资核算期内，汇算功能自动触发并进行修正。"薪资管理"组件是人力资源管理信息系统中帮助客户制定适当灵活的薪资政策的主要手段。

(二) 人力资源管理信息系统的实施

网络的畅通、基础的夯实和流程的规范是一个企业成功实施人力资源管理信息系统的三个必备条件。很多企业将更多的注意力放在人力资源管理的具体操作层面上，从而导致在人力资源管理与开发上还处于比较基础的阶段。人力资源管理信息系统在实施过程中应该注意以下几个问题。

1. 采购方通过系统要解决的问题

人力资源管理信息系统软件最大的特点就是它更多的是一种知识、一种服务，与传统的我们看得见、摸得到的产品有很大的差别。如果软件实施后没有发挥相应的作用、起到相应的效果，那么这个软件系统从某种意义上来说就是失败的。第二个特点就是软件产业发展到今天，它是一种手段和工具，而不是买来做装饰品的一个摆设。在实施电子化人力资源管理之前，采购方应该明确以下几个内容。

（1）管理与具体的技术无关

这好比中国人用筷子吃饭，西方人用刀叉吃饭。企业需要关注的是产品，而不需要去关注这个产品是从哪个生产车间出来的。

（2）信息化的前提条件是管理本身流程化、规范化

企业只有把现在的工作做得很清楚和很规范，而且具备运行的条件，这样做到信息化。很多企业总是听供应商说产品如何好，然而如果采购方本身不具备适当的软环境，那么没有必要去跟风做信息化的事情。当然，如果供应商能够帮企业把管理的事情流程化、规范化，那么企业就可以去做信息化的事情。

（3）采购方准备把管理内容信息化

采购方不能仅是靠供应方的产品介绍来选择自己要做的信息化内容，而应该整理清楚自己要做哪些事情，明确自身的发展战略。当然，这个过程可以与供应方配合来完成。

2. 事务性系统与平台型系统之间的选择

包括国家机关在内的很多单位现在非常清楚人力资源管理系统一定要定制。现代人力资源管理把人事业务划分为六个核心模块，对于人力资源管理信息化而言，最核心的部分还是以下几个内容：管理内容自定义；管理流程自定义；管理模式自定义；决策分析自定义。到目前，只有具备以上内容的产品才能算得上人力资源管理平台。

采购方在选择系统之前，应该把自己所要做的管理信息化的内容整理成一个需求文档，这个文档可以作为以后采购或者验收的必要文档。

（1）事务性工作的类型

企业如果仅仅为了给上级提供所需要的报表，或者仅仅为了一个比较固定的工资发放模式，那么完全可以选择事务性的软件，这种软件能够帮助企业解决更多的事务性工作。比如，职称的批量变动。因为可能不需要保留这些变动的痕迹以及后续的处理，一次性导入数据就可以完成。不过这里也得说明一下，因为报表也好，数据格式也好，都是在不断变化的。企业在选择这些产品的时候也要更多地了解其是否有相关的灵活性。至于报表工具，要选择国际通用的规则，而不是某家公司自己的规则，否则今后会很难操作。

（2）平台型软件所能解决的业务

现代企业，特别是大型企业有以下几个特点：企业扩张快。管理所要达到的深度以及维度是传统意义上的企业不能比的；人员流动率比较高。与传统企业只是处理招聘大学生入职以及员工退休这些简单事务不一样，现代企业有更多的员工异动要处理；管理模式随时在变化。比如，薪酬发放模式，就是因为人员从事的工作不同而不同。一些管理内容是传统意义上的事务性软件解决不了的，这些需要平台型软件来支撑。

三、我国电子化人力资源管理的现状

进入信息时代以来，在经济全球化的背景下，我国企业的经营环境正发生着巨大的变化，人力资本的经营逐渐成为企业获得市场竞争优势的重要手段。与此同时，越来越多的企业开始认识到，要将人力资源转变为企业的竞争优势，企业不仅需要制定完善的人力资源管理策略，还需要充分借助技术性的手段来保障人力资源管理策略的有效落实。这样，专门针对人力资源管理的电子解决方案——人力资源管理电子化就应运而生了。

（一）电子化人力资源管理的主要问题

目前，电子化人力资源管理在我国是一种新兴的技术，大多数企业所采用的人力资源管理电子化项目要么是借鉴模仿其他企业，要么是盲目跟风，不考虑企业的实际情况而照搬照抄，从而出现一系列问题。这些问题主要表现在以下几个方面。

1. 忽视企业文化

利用企业文化来获取市场竞争优势已经成为一种趋势。而在企业没有建立一个真正深入人心的"以人为本"的企业文化之前，就要建立人力资源管理电子化项目，这无论是对供应商还是对客户而言，都没有真正从企业文化的角度出发去进行规划。要使企业文化发生变革，就必须调整、优化或者重组企业的业务流程。如果在有问题的业务流程上实施这种人力资源管理电子化项目，结果就会适得其反。

2. 忽视组织因素

作为企业的电子化人力资源管理项目，除了技术外，人员也非常重要。企业在启动电子化人力资源管理项目的时候，经常会遇到这样一个问题：员工并不喜欢变革。在人力资源管理电子化项目实施过程中企业面临着众多的变革，因此在实施过程中必须处理好组织和员工的问题。具体解决方法是让员工参与业务流程的变革。

3. 企业网络环境不完善

很多企业不根据现实的硬件与软件环境出发，而盲目跟风，这将导致企业网络环境、服务器性能出现问题，降低整个项目的运行效率，从而直接影响用户的应用，使得用户抵触此项目。

4. 供应商选择失败

电子化人力资源管理不仅仅是一种技术，更是一种经营战略。国内电子化人力资源管理软件厂商忽视了电子化人力资源管理中最重要的经营战略，大多数是在实施产品研发战略，而不是在实施一种以客户为中心的围绕用户业务流程的经营战略。企业在选择电子化人力资源管理系统时，若不从本企业的实际情况出发，而仅仅相信电子化人力资源管理供应商，不仅会耗费大量的精力，而且还会造成企业投资失败，甚至相关人员在企业中的职业生涯规划也会受到影响。

（二）电子化人力资源管理在我国企业中的应用

由于电子化人力资源管理在发展中日益凸显的不完善性，建立合适的电子化人力资源管理项目对企业来说是非常重要的，企业应借助电子化人力资源管理的发展和优势来提高管理效率，提升管理水平。企业应该从以下几个方面出发来建立适合自身发展的电子化人力资源管理项目。

1. 建立深入人心的"以人为本"的企业文化

对于一个企业而言，"以客户为中心"不是一句响亮的口号，而应该是各个部门和员工都认可、遵循的经营战略。不同部门围绕这个战略不应该将重心放在争论谁赢得客户上，而应该一致地去想如何更好地服务客户。只有这样，才能实现企业文化向正确的方向变革，从而为电子化人力资源管理的实施提供有利的文化环境。

2. 不仅仅是选产品，更是选合作伙伴

电子化人力资源管理不仅仅是一个买来就用的软件产品，更是一个包含系统规划、系统实施与二次开发、培训、系统维护与升级、系统应用管理等众多环节的复杂项目管理。因此，企业在选择电子化人力资源管理时，不能只关注产品本身的特性与价格等，还应该深入了解产品技术框架、供应商的服务能力、供应商业务发展趋势以及公司的发展前景等关于供应商综合实力方面的因素。电子化人力资源管理项目要想成功的必要条件是选择一个实力雄厚、产品优秀并且经验丰富的电子化人力资源管理供应商。

3. 不求一步到位，要有长期规划

企业选择电子化人力资源管理要根据自己的实际情况，不能急于求成、盲目追求一步到位。电子化人力资源管理建设要想成功，就必须有一个长期的人力资源电子化建设规划，形成良好的人力资源管理规范行为、流程以及网络环境。在推进人力资源管理电子化建设的时候，首先应该从建立简单的电子化人力资源管理系统入手，减少事务性工作的人工操作，将人力资源管理人员解放出来，然后进行专项的系统建设，如招聘、数字（化）学习、培训等系统，最后建设一个大型的电子化人力资源管理项目。同时，电子化人力资源管理建设也要考虑同企业的其他信息系统相连。

4.融合企业人力资源战略，推进人力资源管理规范化

企业保持竞争优势和竞争力的有效途径有很多，如企业人力资源战略管理。因而在实施电子化人力资源管理项目时要与企业人力资源战略结合起来。企业应该完善人力资源的规范行为与流程，先进的电子化人力资源管理是以先进的人力资源管理思想为指导的，企业首先应该让员工接受这些先进的管理思想。电子化人力资源管理将人力资源管理工作上升到战略高度，它以提升组织管理能力和执行能力为目标，创建以能力素质模型为基础的任职管理体系、以绩效管理为核心的评估与激励体系、以提高员工整体素质能力为目标的培训与招聘体系，帮助企业实施由 CEO、人力资源管理经理、业务经理和员工参与的现代企业人力资源战略。

第三节　国际人力资源管理

一、国际人力资源管理概述

（一）国际人力资源管理的概念

著名管理学家摩根认为，国际人力资源管理是人力资源管理活动、员工类型和企业经营所在国三个维度的互动组合。

人力资源管理活动是指人力资源管理的六项基本活动，即人力资源规

划、员工招聘、绩效管理、培训与开发、薪酬计划与福利、劳动关系。

三种与跨国人力资源管理相关的国家类型，即所在国、母国和其他国。所在国是指在海外建立子公司或分公司的国家；母国是指公司总部所在的国家；其他国是指劳动力或者资金来源国。

三种跨国公司的员工类型，即所在国员工、母国员工、其他国员工。简言之，国际人力资源管理主要是指跨国公司的人力资源管理，是跨国公司在国际经营环境下，有效利用和开发人力资源的管理活动或过程。

（二）国际人力资源管理的特点

与国内公司相比，跨国公司面临的经营环境更加复杂，其中包括政治环境、法律环境、经济环境、文化环境等。这些复杂的环境使得国际人力资源管理比国内人力资源管理更复杂。换言之，国际人力资源管理具有以下几个主要特点。

1. 更丰富的人力资源管理活动

国际人力资源管理通常涉及两个以上的国家，管理程序和内容更加复杂。例如，外派员工任职前的培训工作、语言的培训和翻译、国际税收政策、与所在国政府和所在社区的关系、外派人员的家属安置等。

2. 更多外部因素的影响

国际人力资源管理可能会受到所在国政府的类型、可接受的工商企业运营方式及经济状况等诸多外部因素的影响。例如，外派员工的薪酬是以所在国的货币作为计价单位的，而本国与所在国货币汇率的变化将影响这些外派员工实际收入的多少。诸如此类的问题都需要国际人力资源管理加以考虑与协调。

3. 更多风险

国际人力资源管理可能受到诸多外部因素的影响，会面临更多的风险与挑战，如外派人员不适应会给公司的经营带来损失，所在国的政治、法律制度的变化有可能直接给公司的人力资源发展战略带来影响，国际政治局势的动荡、地区冲突和治安恶化等都是国际人力资源管理必须面临的巨大风险。

4. 更高的人力资源管理成本

国际人力资源管理成本要比国内人力资源管理成本高。比如，外派人员的薪酬福利、培训成本、差旅费用等都比国内人力资源管理的开支高。

二、国际人力资源薪酬管理

国际人力资源薪酬管理既要保持与母公司的整体经营战略一致，同时还必须考虑当地劳动力市场的工资水平、劳动报酬方面的法规和文化差异。各子公司的人力资源经理要为所在国的员工、母公司派出的员工和第三国的员工制定三种不同的薪酬制度。下面主要介绍国际人力资源薪酬政策的目的与要求、多元报酬体系和外派人员的薪酬体系等方面的内容。

（一）国际人力资源薪酬政策的目的与要求

跨国公司在各个国家子公司的人力资源经理在工作中面临着很多困难，在不同的国家，员工的养老金、社会保障、医疗保险和其他各种福利的管理规定存在着很大的差别。例如，在有些国家公司在传统上要为员工提供住房、上下班的交通工具和年终奖金，而在另一些国家却不是这样。所以，制定国际化人力资源薪酬政策要做到：一是要与跨国公司的总体战略以及企业的需求一致；二是能将人才吸引到跨国公司最需要的地方并能留住他们，因此要有竞争性，而且要认识到诸如出国服务的激励、合理费用的报销等方式的作用；三是要以最经济的方式调动外派人员；四是要适当考虑行政管理的公平和方便。与此同时，外派人员的一些个人目标也需要通过公司的薪酬政策的实施得以实现。这些个人目标包括：获得在国外的福利、社会保险和生活费用等收入，以满足职业生涯发展和回国安排等方面的需要。

（二）国际人力资源的多元化报酬体系

国际人力资源需要多种不同的报酬体系，要为所在国的员工、母国派出的员工和第三国的员工开发出三种不同的薪酬制度。这方面的关键问题在于薪酬外部公平性问题和薪酬激励问题。由于在不同国家物价水平存在差别，外派员工的生活费用也会有所差别。在整个组织范围内需要有统一的与工作性质相适应的基本工资，然后根据员工所在国家和地区的具体情况利用各种专项补贴来实现员工薪酬的公平。此外，与国内员工相比，外派员工的薪酬公平性在实现上会涉及特殊的国别差异问题。解决这一问题的方法是使员工在国际中的购买力平等化，即外派员工的薪酬水平应该能够使他们在所在国与在本国时，获得相同的住房条件、服务水平以及储蓄水平。

（三）外派人员的薪酬体系

外派员工薪酬主要包括基本薪酬、税务补偿、奖金、出国服务奖励或生活补贴、津贴和福利等。

1. 基本薪酬

确定外派员工的基本薪酬有两种方式：一种是采用本国标准，即依据员工来源国同类职务的薪金水平来制定薪酬。由于他们的国籍不同而存在差别，这种方式容易产生不公平的问题。另一种是依据本公司系统内各级职务的薪金水平，同级同酬。这种做法较好地实现了公平公正，但如果本国经济发展水平与跨国公司所在国的差距较大时，又带来了与当地工资水平相差太多的问题，因此需要靠奖金和津贴等方式做适当的调整。

2. 税务补偿

外派员工会面临双重纳税的问题。一方面，员工在工作所在地交纳个人所得税；另一方面，员工在本国依然要履行纳税义务。比如，美国要求其公民对在其他国家所得收入进行纳税，即使他在该国已经纳税。雇主负责向本国或所在国支付个人所得税，数额从员工税前收入中扣除。由于不同国家存在不同的税收标准，这也会带来不公平的问题。对双重纳税的问题，雇主可以通过税务补贴来解决。

3. 奖金

外派员工获得的奖金通常有两种：一种奖金是与业绩相关的；另一种是不与业绩相关、只与底薪有关的奖金。奖金包括海外工作奖金、满期工作奖金等类别。

4. 出国服务奖励或生活补贴

出国员工通常会收到一份奖金作为接受出国派遣的奖励，或作为对在派遣过程中所遇到的生活条件问题的补偿。出国服务奖励一般为基本工资的 5%—40%，根据任职所在地、实际情况以及派遣时间的长短而不同。

5. 津贴

津贴是对员工在海外工作支付的补助，通常包括以下项目：住房津贴、生活费用津贴、探亲补贴、子女教育津贴、搬家费和配偶补助等。

6. 福利

国际福利更加复杂，需要解决更多问题。各国的福利管理政策之间存在很大的差异，使得养老金计划、医药费和社会保险费等的转移变得很难。此外，一些适用于国际化人力资源的特殊福利值得关注。例如，许多跨国公司提供休假和特殊假期，作为驻外人员定期休假的一部分；每年的探亲福利中通常包括家庭成员回国的机票费，也包括为驻外人员的家属提供免费的机票去工作所在国附近的疗养地疗养。除疗养福利外，在一些地区工作的人员应获得额外的休假费用和疗养假期。

参 考 文 献

[1] 徐颜 . 心理学在人力资源管理工作中的应用探析 [J]. 经营管理者，2016，17-20.

[2] 李京华 . 影响人力资源管理培训效果的因素分析 [J]. 现代工业经济和信息化，2016，6（21）：112-113.

[3] 徐凯 . 人力资源管理在企业经营管理中的重要性 [J]. 现代经济信息，2016，（21）：69.

[4] 刘追美 . 事业政工与人力资源管理工作问题研究 [J] 现代经济信息，2016，（09）：78.

[5] 潘春梅 . 人力资源管理中员工培训的重要性分析 [J]. 科技展望，2016，26（34）：290.

[6] 黎华 . 地勘单位人力资源管理现状、问题及对策研究 [J]. 当代经济，2016，（33）：100-101.

[7] 马俊 . 员工视角的企业社会责任、人力资源管理与组织绩效关系实证研究 [D] 南开大学，2014.

[8] 李春梅 . 如何使人力资源管理和财务管理实现双赢 [J]. 企业改革与管理 .2016，（21），148

[9] 杨浩，戴明月 . 企业核心专长论：战略重塑的全新方法 [M]. 上海：

上海财经大学出版社，2000，36–42.

[10] 吴长煌 . 风险环境下的企业财务战略 [M]. 沈阳：辽宁大学出版社，2003.

[11] 王华 . 成本会计学 [M]. 上海：上海交通大学出版社，2012.

[12] 赵有生 . 现代企业管理（第 2 版）[M]. 北京：清华大学出版社，2006.

[13] 汤少梁 . 现代企业管理（第 2 版）[M]. 南京：南京大学出版社，2010.

[14] 周海娟 . 现代企业管理 [M]. 北京：中国发展出版社，2011.

[15] 刘益 . 战略管理工具与应用 [M]. 北京：清华大学出版社，2010.

[16] 刘宝宏 . 企业战略管理 [M]. 大连：东北财经大学出版社，2009.